KB190521

복음이란 무엇인가?

복음이란 무엇인가?

초판 1쇄 발행 / 2023년 4월 30일

지은이 / 오경석
펴낸이 / 신은철
펴낸곳 / 좋은씨앗
출판등록 / 제4-385호(1999. 12. 21)
주소 / 서울시 서초구 바우뫼로 156(MJ 빌딩), 402호
주문전화 / (02)2057-3041 주문팩스 / (02)2057-3042

www.facebook.com/goodseedbook

ISBN 978-89-5874-383-5   04230

© 오경석 2023

이 책의 저작권은 저자와 독점계약한 도서출판 좋은씨앗에 있습니다.
신저작권법에 의하여 보호를 받는 저작물이므로 무단 전재와 복제를 금합니다.

단단한 기독교 시리즈 16

복음이란 무엇인가?

교회를 교회되게, 증인을 증인되게 하는 본질

오경석

좋은씨앗

차례

다다익선(多多益善)이라는 표현에 익숙하실 겁니다. 많을수록 좋다는 뜻입니다. 복음을 명쾌하게 설명한 또 한 권의 책이 나왔습니다. 다다익선입니다. 책 한 권을 더한 만큼 복음의 진리가 더 분명하게 드러나길 기대합니다. 기독교 이단 인구가 200만 명이라고 합니다. 안타깝게도 한국 교회가 거짓 복음에 빼앗긴 이들입니다. 이는 한국 교회가 바른 복음을 전하고 가르치기보다 번영신학과 기복신앙에 치중했기 때문이 아닐까요? 더 이상 이래서는 안 됩니다. 성도들이 복음으로 무장해야 합니다. 바른 복음을 가르쳐 스스로 복음을 설명하고 삶에서 증명할 수 있어야 합니다. 그런 소망으로 이 책을 추천합니다. 이 책은 설교처럼 알기 쉽게 복음을 설명했습니다. 이 책을 읽으면서 하실 일이 있습니다. 서문에서 밝힌 대로 복음이란 무엇인지 네 단어로 말해 보십시오. 1분간 설명해 보고, 5분, 30분에 전할 설교문을 작성해 보십시오. 이 책을 읽는 분들에게 복음의 진보가 있으리라 기대합니다.

권오헌 _서울시민교회 담임목사, 예장 고신 총회장

최근에 신학 과목 수업 시간에 "복음이란 무엇인가?"를 물어본 적이 있습니다. 놀랍게도 제대로 대답하는 학생이 없었습니다. 학생들을 탓할 것이 아니라 제대로 못 가르친 자신을 탓해야 한다는 반성이 생겼습니다. 그런 저를 도와줄 책이 한 권 나왔으니 얼마나 반가운지 모르겠습니다. 이 책은 갈라디아서 해설을 기본 골격으로 하면서 복음의 진수를 설명합니다. 복음이라는 핵심 개념을 중심으로 신앙인이라면 반드시 알아야 할 구원의 도리를 차근차근 풀어줍니다. 이렇게 술술 읽히면서도 기쁨과 만족을 동시에 주는 책은 드물 것입니다. 깊은 교리를 쉬운 언어로 설명하는 저자의 능력에 감탄이 절로 나옵니다. 때때로 등장하는 예화나 책의 인용도 독서의 기쁨을 배가시켜 줍니다. 오밀조밀한 이야기와 설명들을 시간 가는 줄 모르고 읽다 보면 어느새 복음의 장대한 풍광 앞에 가슴이 뜨거워지는 자신을 발견하게 됩니다. 그리스도의 은혜의 복음에 가슴이 먹먹해지며 눈시울이 붉어지는 경험을 하게 됩니다. 정말이지 모든 그리스도인들에게 권하고 싶은 아름다운 책입니다.

우병훈 _고신대학교 신학과 교의학 교수

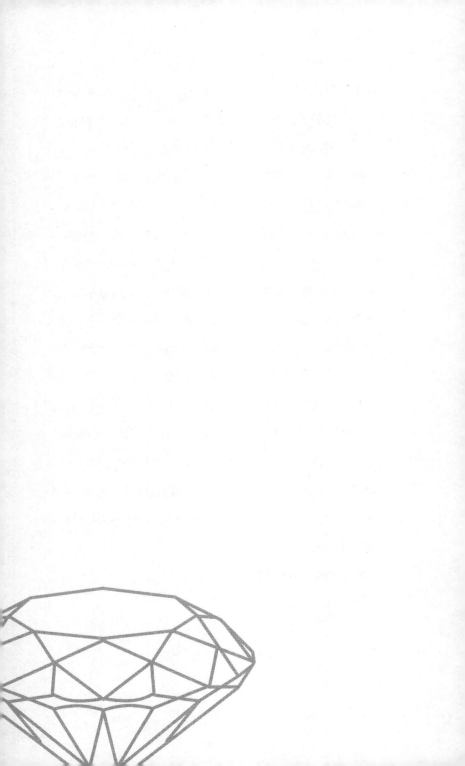

여는 글
복음을 소개합니다

"목사님 복음이 뭐예요?"

순간 당황합니다. 머리로는 알겠는데 설명하려니 입이 떨어지지 않습니다. 복음은 굿 뉴스(Good News)입니다. 말그대로 '좋은 소식'입니다. 그런데 그 좋은 소식을 한마디로 말하기는 쉽지 않습니다.

"예수님이 우리 죄를 대신해 죽으시고 우리를 구원하셨다는 놀라운 이야기입니다."

이 정도도 훌륭한 설명입니다. 하지만 충분하지는 않습니다. 여기에 한 가지가 더해져야 '복음'에 대한 온전한 설명이 됩니다. 그것이 무엇일까요? 앞으로 이에 대해 차근차근 설명해 보겠습니다.

이 책은 한 가지 목표를 가지고 썼습니다. 이 책을 끝까지 읽고 나면 '복음이란 무엇인가?'를 네 단어로도 말하고, 한 문장으로도 말하고, 1분간 설명할 수 있으며, 5분간 설교할 수 있고, 30분간 설교도 할 수 있게 하는 것입니다.

아마 여러분이 이 책을 펴신 이유도 이것 때문이 아닌가 생각합니다. 우리의 가슴을 뛰게 하는 그 복음, 그 한 단어를 붙잡기 위해 이 책을 펴셨을 것입니다. 그 이야기를 하려고 합니다.

이 책은 기승전결 방식으로 구성되어 있지 않습니다. 한 가지 내용을 논리적 흐름을 따라 설명하고 하나의 결론을 내리는 대신, 각 장마다 복음의 다중적 측면을 하나씩 설명함으로써 복음의 참된 내용과 의미와 가치를 종합적으로 이해할 수 있도록 짜여 있습니다.

하지만 제 방식이 아닌 성경의 방식대로 하려고 합니다. 마르틴 루터가 가장 사랑했던 책, 갈라디아서를 통해 복음의 진수를 설명해 가고자 합니다.

갈라디아서는 마르틴 루터가 무척이나 좋아한 성경 중 하나입니다. 루터는 〈탁상 담화〉에서 "갈라디아서는 내가 결혼한 나의 편지요, 나의 카타리나 보라(루터의 아내)이다"라고 했습니다. 그 정도로 루터는 갈라디아서를 구원론(청의론)의 진수로 간주하고, 갈라디아서에 종교개혁의 핵심이 들어 있다고 보았습니다.[1]

그 때문인지 루터는 목회를 하면서 무려 마흔 한 번에 걸쳐 갈라디아서 강해를 합니다. 그 책을 읽은 존 번연은, "나는 마르틴 루터의 갈라디아서를 상처 입은 양심에 가장 적합한 책으로 꼽는다. 내가 읽은 책 중에 (성경을 제외하고) 단연 으뜸"이라고 말할 정도였습니다. 찰스 웨슬리는 "갈라디아서를 읽고 믿음의 확신을 얻었으며 큰 복을 얻었다"고 고백합니다.[2]

마르틴 루터는 복음의 생명력에 관해 이렇게 강조합니다.

율법은 '아름다운 문자'로 된 문서로서 홀로 머무를 뿐 결코 인간의 마음에 오지 않지만, 복음은 인간의 마음에 써짐으로써 자기 본분을 다한다. …성령은 사람의 마음으로 올바른 책자를 만들어 내는데, 이 책자는 문자나 단순한 문서가 아니라 참된 생명이요 행위이다.

복음은 '입의 말씀'이지 '펜의 말씀'이 아닙니다. 복음은 돌판에 기록된 문자가 아니라 가슴에 새겨 주신 말씀입니다. 주님은 구약에 감춰진 복음을 구술로 선포하셨습니다. 이것이 우리의 바람입니다. 우리도 기록된 말씀을 우리의 입술에 담아 담대히 선포하기 원합니다. 이 작은 책이 그 일에 쓰임 받기를 바랍니다. 이 책이 "복음이란 무엇인가?" 하고 묻는 이들에게 확신에 찬 대답을 줄 수 있는 길잡이가 되기를 바랍니다.

여러분의 마음 속에 그리스도를 주님으로 모시고 거룩하게 대하십시오. 여러분이 가진 희망을 설명하여 주기를 바라는 사람에게는, 언제나 답변할 수 있게 준비를 해 두십시오"(벧전 3:15, 새번역).

1. 복음이란 무엇인가?

갈라디아서 1:1-5

복음의 진수를 담고 있는 갈라디아서는 한편으로 바리새인들의 회복을 위한 책이기도 합니다. 바리새인들은 누구보다 종교적이고 도덕적인 사람들입니다. 하지만 결정적인 하나가 부족합니다. 그들은 구원을 행위에 둡니다. 할례를 행하고 안식일을 준수하고 모세의 율법을 철저히 지켜야 구원을 얻을 수 있다고 가르칩니다. 그들은 구원이 하나님의 은혜로 값없이 온다는 사실을 인정하지 않습니다.[3] 그들이 입으로는 하나님을 외치지만 정작 그 마음에는 하나님이 없습니다.

바울이 갈라디아를 떠났을 때, 그들이 교회의 선생 자리를 차지하게 되었습니다. 그들이 어떻게 했을까요? 그들은 복음

위에 율법을 얹기 시작했습니다. 예수님도 믿고 율법도 지키라고 했습니다. 요약하면 이렇습니다. "당신이 율법에 대하여 살지 않는다면 당신은 하나님에 대하여 살지 못한다. 즉 당신이 율법을 따라 살지 않는다면 당신은 하나님 앞에서 죽은 것이다."

바울은 그렇게 가르치지 않았습니다. 오히려 그 반대입니다. "당신이 율법에 대하여 죽지 않는다면 당신은 하나님에 대하여 살 수 없다."[4]

거짓 교사들에게 휘둘리는 갈라디아 교회의 참담한 상황을 알게 된 바울은 즉시 갈라디아의 신자들에게 편지를 보냅니다. 교회를 장악하려는 거짓 교사들의 가르침을 고발하며 참된 복음을 설명합니다.

바울이 가르친 복음은 무엇입니까? 복음은 그리스도의 십자가 죽으심으로 말미암아 우리 같은 죄인들이 값없이 죄 사함을 얻는다는 것입니다. 또한 하나님이 우리에게 요구하신 완전한 의를 예수님이 우리를 대신해 다 이루셨다는 것입니다. 바울은 자신이 전파했던 참된 복음을 재차 설명함으로써 교회를 어지럽힌 거짓 교사들의 잘못된 사상을 반박하려 합니다.

그렇기에 갈라디아서는 다이너마이트입니다. 우리에게 참

된 복음의 의미와 구원의 안전과 영생의 만족을 누리게 하는 기쁨과 자유의 폭발물입니다. 하나님이 자기 백성을 복된 삶으로 부르시는 초대장입니다.[5]

거짓 교사들의 도전

갈라디아서의 저자는 바울입니다. "내 손으로 너희에게 이렇게 큰 글자로 쓴 것을 보라"(갈 6:11). 수신자는 갈라디아 교회입니다. 바울은 갈라디아 지역을 다니면서 그곳에 여러 교회를 세웠습니다. 갈라디아서는 그 교회들에 보내는 편지입니다.

갈라디아서를 쓴 이유는 갈라디아 교회에 복음과 관련한 문제가 생겼기 때문입니다. 바울의 대적자들이 일어나 바울의 복음을 공격하고 있습니다.

"율법의 행위는 배제한 채 그리스도를 믿는 믿음을 통해서만 의롭게 된다고 가르치는 바울의 교리는 대단히 위험하오. 그것은 인간의 도덕적 책임감을 치명적으로 약화시키지요. 선행을 전혀 할 필요가 없고 단지 그리스도를 믿는 믿음을 통해서만 받아들여진다면, 실제로 그것은 율법을 범하도록 조장하는 것이고, '율법폐기론'이라 불리는 지독한 이단이오."[6]

그들은 바울이 전한 복음만 공격하지 않고 바울의 권위에
도 손상을 입히려고 그의 사도권까지 맹렬히 공격합니다.

여러분! 바울이 누구입니까? 그가 예수님의 제자입니까? 아닙
니다. 그는 스데반을 죽일 때 증인 섰던 자입니다. 교회를 박해
하던 자입니다. 누가 그를 사도로 세웠습니까? 예루살렘 공회
입니까? 아니면 예수님의 제자들입니까? 아닙니다. 혹시 그가
어떻게 사도가 됐는지 아는 사람 있습니까? 한 사람도 없습니
다. 그는 자칭 사도일 뿐입니다.[7]

바울을 대적하는 거짓 교사들이 갈라디아 교인들을 미혹
하고 있습니다. 그들의 목표는 하나입니다. 바울의 영향력을
제거하고 자신들이 교회를 장악하는 것입니다. 그러기 위해
서는 첫째, 바울이 심어놓은 복음의 씨앗을 뽑아내고, 둘째,
바울의 권위를 떨어뜨려야 합니다. 그런 이유로 바울의 사도
성을 건드립니다. 사도도 아닌 무자격자가 엉뚱한 가르침을
참된 복음인 것처럼 전했다는 비난을 하기에 적절한 전략이
었습니다.

바울의 반응

하지만 바울이 누구입니까? 그는 사람들이 자신에 대해 뭐라고 하든 상관이 없는 사람입니다. "너희에게나 다른 사람에게나 판단 받는 것이 내게는 매우 작은 일이라. 나도 나 자신을 판단하지 아니하노니"(고전 4:3).

바울은 거짓 교사들이 자신에 대해 어떤 비난을 하든 개의치 않습니다. 하지만 바울이 참지 못하는 게 있습니다. 어떤 식으로든 자신이 전한 은혜의 복음이 부정당하는 것입니다. 복음 그 자체가 부정당하는 것뿐 아니라, 그 복음을 전한 자신의 사도직이 부정당하는 것으로도 복음은 충분히 위협을 받을 수 있었습니다.

이 때문에 바울은 편지를 쓰면서 자신이 전한 복음이 참된 것임을 증명하기 위해, 먼저 자신의 사도직을 변론합니다.

사람들에게서 난 것도 아니요 사람으로 말미암은 것도 아니요 오직 예수 그리스도와 그를 죽은 자 가운데서 살리신 하나님 아버지로 말미암아 사도 된 바울은…(갈 1:1).

첫째, 바울은 "내가 사도가 된 것은 내 의지로 된 것이 아니라"고 합니다. 사도는 '보내심을 받은 자'라는 뜻입니다. 예수님은 열두 제자를 택해 그들을 복음 전도자로 보내셨습니다. 사도는 주님이 세우셔야 하는 직분입니다. 내 의지로 되는 것이 아닙니다.

둘째, 자신은 "사람으로 말미암아 사도가 되지 않았다"고 합니다. 새번역 성경은 "사람들이 맡겨서 사도가 되지 않았다"고 번역했습니다. 이것은 사도가 되는 과정에 중개인이 개입하지 않았다는 말입니다. 그가 사도가 된 것은 예루살렘 교회가 임명해서도 아니고, 열두 제자의 추천으로 된 것도 아닙니다. 그러면 어떻게 사도가 되었습니까? 예수 그리스도의 부르심입니다(행 9:15).[8]

그리스도가 바울을 사도로 부르시는 장면이 사도행전 9장에 나옵니다. 바울로 개명하기 전 사울이, 다메섹에 있는 신자들을 붙잡으러 체포영장을 가지고 가고 있었습니다. 그때 하늘에서 밝은 빛이 사울 일행을 비춥니다. 사울이 그 자리에 엎드립니다. 바울이 "주여, 누구시니이까?" 하고 묻자 주님이 말씀합니다. "나는 네가 박해하는 예수라."

이것은 바울이 회심하는 사건인 동시에 바울이 사도의 직분을 받는 사건입니다. 바울은 이때를 회고하며, "주님이 자신을 직접 부르셨다"고 합니다. 왜 이렇게 말하는 걸까요? 이것이 자신의 사도성을 증명하는 결정적 증거이기 때문입니다.

사도가 되려면 부활하신 주님을 목격해야 합니다. 사도 중 하나였던 가룟 유다가 죽자 제자들은 그를 대신할 사도 한 명을 세웁니다. "항상 우리와 함께 다니던 사람 중에 하나를 세워 우리와 더불어 예수께서 부활하심을 증언할 사람이 되게 하여야 하리라"(행 1:22). 사도의 자격을 이렇게 제한합니다. 바울도 자신이 예수 그리스도를 눈으로 보고 귀로 들었다고 증언합니다(고전 15:8).

그렇기에 사도는 초대 교회에만 있던 한정적 직분입니다. 아직 신약성경이 없던 시절에 그리스도의 증인으로서 존재했던 직분입니다. 사도들이 헌신하여 성경을 기록한 뒤에는 더 이상 존재하지 않은 직분입니다. 신약성경에는 사도들이 자신들의 뒤를 이어 사도직을 승계할 사람들을 세웠다는 기록이 없습니다.

따라서 바울이 자신을 사도라고 주장하는 것은 의미심장합니다. 그렇지 않다면 자신의 증언은 오류가 없는 복음이 아닌 그저 예수 그리스도(의 가르침)에 대한 의견일 뿐이기 때문입니다.

사도는 자기가 원해서 되거나 사람들이 시켜서 되지 않습니다. 오직 주님이 불러 세운 사람이어야 합니다. 바울은 자신이 그렇게 사도가 되었다고 합니다. 왜 그 얘기를 한다고요? 자신이 전한 은혜의 복음이 부정되는 것을 막기 위해서입니다.

바울은 "오직 예수 그리스도와 그분을 죽은 자 가운데서 살리신 하나님 아버지"(갈 1:1)께서 자신을 사도로 세우셨다고 말합니다. 자신이 전한 복음 역시 하나님께로부터 온 것이라고 말합니다. 거짓 교사들은 바울의 사도성과 그가 전한 복음의 진실성을 부정합니다. 바울이 닦고 마련한 터 위에 거짓 복음, 가짜 복음을 세우려 합니다.

거짓 교사들은 우리가 의롭게 되려면 믿음뿐 아니라 할례를 비롯한 율법을 지켜야 한다고 강조합니다. 하지만 이런 가르침이 복음이 될 수 있을까요? 이런 가르침에서 은혜와 자유를 누릴 수 있을까요? 툭하면 죄를 짓고, 선한 행동 뒤에 악한 동기가 숨어 있는 우리 같은 죄인이 이 가르침을 복음이라 여길 수 있을까요? 이것은 우리에게 결코 '굿 뉴스'(Good News)가 아닙니다.

바울이 전한 복음은 무엇입니까? 복음이 뭐길래 그가 이토록 지켜내려 할까요?

복음이란 무엇인가

복음이 무엇이냐고 물으면 백이면 백, 사람마다 대답이 다릅니다. 복음의 정의만큼 혼돈의 안개 속에 싸여 있는 것이 없습니다. 어렴풋이 알고는 있지만 구체적으로 정의하기가 쉽지 않습니다.

제가 서두에서 이에 대해 잠깐 언급한 적이 있는데, 여기서 자세히 설명해 보겠습니다. 복음은 '굿 뉴스'입니다. 말그대로 '좋은 소식'입니다. "예수님이 우리 죄를 대신해 죽으시고 우리를 구원하셨다는 놀라운 이야기입니다."

맞습니다. 하지만 엄밀히 말하면 절반만 맞습니다. 여기에 하나가 더해져야 복음에 대한 온전한 설명이 됩니다. 그것이 무엇일까요?

인류에게 죄를 가져다준 아담은 예수 그리스도의 모형이었습니다. 우리의 구원을 위해 아담이 실패한 것들을 예수 그리스도는 다 성취하셔야 했습니다. 그렇다면 주님은 아담에게 요구되었던 긍정적, 부정적 요구를 모두 충족하셔야 합니다. 긍정적 요구란 '하나님이 요구하시는 의를 이루는 것'입니다. 아담이 실패한 이른바 '행위언약'을 성취하는 것입니다. 부정적 요구는 '죄의 결과에 책임을 지는 것'입니다. 예수님이 죄인을 대신해 죽는 것입니다. 예수님은 이 중 한 가지만 행하셨을까요? 두 가지 모두를 행하셨습니다. 그런데 우리는 복음을 설명하면서 예수님이 우리 죄를 위해 죽으셨다는 한 가지(부정적 요구)만 이야기합니다. 만약 예수님이 한 가지만 행하셨다면, 남겨진 하나님의 의(긍정적 요구)는 누가 책임져야 합니까? 우리가 책임져야 한다면 그것은 복음이 아닙니다. 우리를 다시 아담의 자리로 되돌려놓기 때문입니다.

하지만 주님은 율법의 요구대로 '죽으셨을' 뿐 아니라 율법의 요구에 순종하심으로 '하나님의 의를 이루셨습니다'. 이렇게 주님이 율법의 요구에 순종하신 것을 가리켜 그리스도의 '능동적 순종'이라고 합니다. 율법의 요구대로 죽으신 것에 대해서는 그리스도의 '수동적 순종'이라고 부릅니다.

이렇게 주님의 '대속의 죽으심'과 '하나님의 의를 이루기 위한 순종'이 합해져 우리의 구원을 이룹니다. 이 두 가지를 온전히 이해할 때 우리는 복음이 무엇인지 말할 수 있고, 우리의 구원이 어떻게 이루어지는지 알게 됩니다.

바울이 말한 복음도 이와 다르지 않습니다. 복음은 그리스도의 십자가 죽으심으로 말미암아 우리 같은 죄인들이 값없이 죄 사함을 얻는다는 것입니다. 또한 하나님이 우리에게 요구하신 완전한 의를 예수님이 우리를 대신해 다 이루셨다는 것입니다. 바울은 이 같은 주장으로 교회를 어지럽힌 거짓 교사들의 잘못된 사상을 반박합니다.

"복음은 예수 그리스도께서 죄인을 대신해 십자가에서 죽으시고, 자신의 자발적 순종을 통해 하나님의 의를 충족하신 사건"이라고 분명히 말할 수 있는 우리 모두가 되길 바랍니다.

복음의 네 가지 목록

복음을 조금 다른 시각에서 설명해 보겠습니다. 그렉 길버트는 로마서 1-4장에서 복음의 네 가지 목록을 발견했습니다. 그는 그것을 '하나님, 인간, 그리스도, 반응'으로 요약합니다.

나는 신약성경 전체에서 사도들의 글을 읽으면서 그들이 이 네 가지 질문에 답하고 있다는 것을 계속해서 발견한다. 다른 어떤 것을 부가적으로 말한다 해도 이것들이 언제나 그들이 제시하는 복음의 바탕에 깔려 있는 것으로 보인다. 상황이 변하고, 관점이 바뀌고, 사용하는 말도 다르고, 접근법도 변하지만 어쩐 일인지, 그리고 어떤 식으로든 초대 그리스도인들은 언제나 이 네 가지 문제에 집중하고 있는 것으로 보인다. 즉, 우리는 우리를 지으신 하나님에게 책임이 있다. 우리는 그 하나님에 대해 죄를 지었으며 그에 따라 심판을 받을 것이다. 그러나 하나님은 우리를 구원하시기 위해 예수 그리스도 안에서 행하셨으며, 우리는 죄에 대한 회개와 예수님에 대한 믿음으로 말미암아 구원을 얻는다. 하나님, 인간, 그리스도, 반응. 복음은 이 네 가지로 요약되어 있다.[9]

복음의 네 가지 목록을 기억하고 4절을 봅시다.

그리스도께서 하나님 곧 우리 아버지의 뜻을 따라 이 악한 세대에서 우리를 건지시려고 우리 죄를 대속하기 위하여 자기 몸을 주셨으니(갈 1:4).

중심 구조가 보입니까? 바울이 로마서 1-4장에서처럼 자세하게 설명하고 있지는 않지만 주된 윤곽은 명백합니다. 인간은 '우리 죄'에 빠져 있기 때문에 곤경에 처했습니다. 그리스도께서 '우리를 건지시려고' 우리 죄를 대속하기 위하여 자기 몸을 주십니다. 이 모든 것이 '아버지의 뜻을 따라' 이루어집니다. 여기에도 하나님, 인간, 그리스도, 반응이 등장합니다.

인간

우리는 어떤 존재입니까? 완전히 거덜난 존재입니다. 죄인이요 반역자입니다. 마음이 굽고 선에서 떠난 자입니다(렘 3:21). 이것이 '건지시려고'가 의미하는 바입니다. 다른 종교의 창시자들은 건지기 위해서가 아니라 가르치기 위해 왔습니다. 하지만 주님은 가르치기 위해서가 아니라 건지러 오셨습니다. 완전히 거덜나지 않은 사람을 어떻게 건지겠습니까![10]

세상에서 가장 수영을 잘하는 사람이 있다고 합시다. 그는 모든 사람을 다 건질 수 있습니다. 하지만 단 한 사람은 건지지 못합니다. 물에 빠지지 않은 사람입니다. 예수님도 모든 사람을 다 구원하실 수 있습니다. 하지만 단 한 사람은 구원할 수 없습니다. 자기가 죄인이 아니라고 하는 사람입니다(롬 1:24, 28). 왜 예수님이 필요할까요? 우리를 죄에서 건져주시기 때문입니다.

그리스도

그리스도께서 하신 일은 무엇입니까? "우리 죄를 대속하기 위하여 자기 몸을 주셨으니"(갈 1:4) '대속'은 어려운 말입니다. 쉬운 말로 '대신'이라는 뜻입니다. '대속'은 다른 사람이 해야 할 일을 대신 해주어 그 사람이 할 필요가 없게 만드는 것입니다. 예를 들어, 옛날에는 동생이 형 대신 군대에 가는 경우가 종종 있었습니다. 어떤 사람은 대가를 받고 자기와 상관 없는 다른 사람 대신 군대에 가주기도 했습니다. 이게 '대속' 입니다. 축구를 하다 보면 선수가 부상을 당합니다. 그러면 그때 대신 나가는 선수가 있습니다. 이게 '대속'입니다. 그러니까 누군가 나 대신 군대를 가줬거나, 나 대신 축구 경기를 뛰어 준다면, 나는 그 때부터 아무 것도 하지 않아도 됩니다. 아무 것도 하지는 않지만, 그 일이 나의 일이 됩니다. 예수님이 우리를 위해 행하신 일도 마찬가집니다. 그분이 죽으셨지만, 내가 죽은 것입니다. 내가 심판 받아 마땅하지만 그분이 나 대신 심판 받아 죽어주신 것입니다. 그것을 '대속'이라고 합니다.

하나님

하나님이 하신 일은 무엇입니까? 예수님이 우리를 위해 행하신 일을 "[자신의] 뜻을 따라"(4절) 기꺼이 받아주십니다. 예수님을 "죽은 자 가운데서 살리[시고]"(1절), 예수님이 우리를 위해 성취하신 "은혜와 평강"(3절)을 우리에게 주십니다.

반응

우리가 해야 할 일은 무엇입니까? 나를 위하여 자기 자신을 버리신 하나님의 아들을 믿는 믿음 안에서 사는 것입니다 (갈 2:20).

바울은 우리의 구원이 처음부터 끝까지 하나님의 작품이라고 합니다. 구원은 하나님의 부르심, 하나님의 계획, 하나님의 행위, 그리고 하나님의 작품입니다. 따라서 모든 영광은 하나님이 받으셔야 마땅합니다.[11]

이번에는 사도행전 2장 38절에서 복음을 찾아봅시다.

> 베드로가 이르되 너희가 회개하여 각각 예수 그리스도의 이름으로 세례를 받고 죄 사함을 받으라 그리하면 성령의 선물을 받으리니.

여기서는 하나님의 심판 부분이 생략돼 있긴 하지만 그럼에도 불구하고 네 가지 요소가 다 포함되어 있습니다.

- 문제: 당신은 하나님의 심판이 아닌 용서가 필요하다.
- 해결책: 베드로가 설교로 전한 예수 그리스도의 죽음과 부활이 당신의 죄를 용서할 수 있다.
- 필요한 반응: 세례를 통해 입증되는 회개와 믿음이 요구된다.

'하나님-인간-그리스도-반응'의 구조는 절대적인 공식이 아닙니다. 사도들은 복음을 전할 때 목록을 하나하나 따져가며 전하지 않았습니다. 상황에 따라, 복음 전파에 소요되는 시간에 따라, 복음을 듣는 청중에 따라 그들은 유연한 방식으로 이 네 가지 요점을 설명했습니다.[12]

팀 켈러는 〈복음으로 세우는 센터처치〉에서 복음을 정의하는 네 가지 목록으로 이렇게 질문합니다.

- 우리는 어디서 왔는가? 답: 하나님으로부터 왔다.
- 어디서 잘못되었는가? 답: 죄가 문제다.
- 어떻게 문제를 해결하는가? 답: 그리스도가 답이다.
- 나는 어떻게 바르게 되는가? 답: 믿음이 답이다.[13]

복음이란 무엇입니까? 김홍전은 복음이란 항상 즐거운 소식이라고 합니다. 그는 "복음이 어제 즐거웠던 사람에게는 오늘도, 내일도 즐거운 소식이 되어야 한다"고 했습니다.[14] 팀 켈러는 "복음이란 우리가 행한 일이나 우리의 존재로 인해서가 아니라 그리스도께서 하신 일을 통해 구원을 받는다는 것"이라고 했습니다.[15] 바울은 복음이란 "성경대로 그리스도께서 우리 죄를 위하여 죽으시고 장사 지낸 바 되셨다가 성경대로 사흘 만에 다시 살아나신 것"이라고 했습니다(고전 15:3-4). 나는 복음을 어떻게 정의할 것입니까? 복음을 정의하는 네 가지 키워드로 복음이란 무엇인지 정의해 봅시다.

괴테의 복음

괴테의 〈파우스트〉를 보면, 악마가 회의에 빠진 파우스트를 유혹할 수 있다며 하나님과 내기를 합니다. 그리고 악마는 학문의 한계에 부딪혀 자살하려는 파우스트에게 "쾌락적 삶을 줄 테니 너의 영혼을 내게 달라"는 거래를 제안합니다.

파우스트는 악마의 제안을 받아들이고 20대 청년의 모습으로 돌아가 젊은 여인과 사랑에 빠집니다. 그 여인이 그레트헨입니다. 그레트헨은 순수한 여인입니다. 어떻게든 파우스트를 바른 길로 인도하려 합니다. 하지만 악마가 둘 사이를 갈라놓고 그레트헨은 감옥에서 죽고 맙니다.

그 후 악마는 더 큰 쾌락을 파우스트에게 줍니다. 파우스트는 파탄에 이른 황제를 구해 내기도 하고, 그리스 시대로 돌아가 헬레나와 사랑에 빠지기도 합니다. 황제에게 하사 받은 해안지대를 간척해 큰 돈을 벌기도 합니다.

이렇게 쾌락의 삶을 살다가 그의 나이 100세가 됩니다. 자신의 죽음을 직감한 파우스트는 이 말 한 마디를 남기고 눈을 감습니다. "순간아 멈추어라! 너 정말 아름답구나."

악마는 마침내 자신이 하나님을 이겼다며 환호합니다. 그러면서 파우스트의 영혼을 가져가려 합니다. 그때, 하나님의 은총을 입은 그레트헨의 사랑이 파우스트의 영혼을 구원합니다. 물론 이것은 성경적인 구원관과는 많이 다릅니다. 그럼에도 파우스트의 운명에 대한 사람들의 반응은 충격 그자체였습니다.

사람들은 질문합니다. "어떻게 저런 사람이 구원을 받을 수 있지?" 파우스트는 죄인입니다. 무책임하고, 이기적이고, 음란하고, 욕심이 많고, 잔인하고, 남 탓만 합니다. 평생 그렇게 살았습니다. 그런데 하나님의 은총이 그를 구원합니다.

사람들은 그것에 분노합니다. "어떻게 저런 자를 구원한다는 말인가?" 하지만 이것이 괴테가 생각하는 '구원'입니다. 이것이 괴테가 보여주려는 '복음'입니다.

바울이 말한 은혜가 "전혀 생각지 못한 일이 나에게 이루어지는 것"(갈 1:13-17)이면, 파우스트에게 일어난 것 또한 '은혜'입니다. 그 은혜를 경험한 파우스트는 이것이 '복음'임을 깨달았을 것입니다.

복음은 우리의 최선을 요구하지 않습니다. 하나님의 최선을 요구합니다. 우리가 구원을 받으려면 나의 의가 아닌, 다른 누군가의 의가 필요합니다. 종교개혁가들은 그 의를 '외부로부터 이식된 의'라고 불렀습니다.

> 그런즉 원하는 자로 말미암음도 아니요, 달음박질하는 자로 말미암음도 아니요, 오직 긍휼히 여기시는 하나님으로 말미암음이니라(롬 9:16).

우리는 파우스트의 구원 앞에서 분노합니다. 하지만 파우스트에게 일어난 일이 정작 내게 일어난다면 어떻겠습니까? 나 또한 파우스트만큼 악한 죄인인데 그런 내가 구원을 받는다면 어떻겠습니까? 그래도 "이런 구원은 부당하다"고 항의하겠습니까?

만약 내가 아니라 내 자식에게 그런 일이 일어난다면 어떨까요? 내 자식이 정말 못된 놈인데 하나님이 단지 "예수님을 믿는다는 이유로" 그런 나쁜 놈을 구원해 주신다면, 그걸 뭐라고 부르겠습니까? 은혜라 하겠습니까, 불의라 하겠습니까? 철저한 은혜입니다.

우리가 구원 받는 건 "하나님의 은혜" 외에 다른 것으로는 설명할 수 없습니다.

은혜의 복음

복음이란 "하나님의 아들이신 예수님이 십자가에 '스스로' 올라가 내 죄를 대신 짊어지고 죽으셨다"는 것입니다. 그리고 "하나님이 요구하신 완전한 의를 나를 대신해 성취하셨다"는 것입니다. 이 복음 외에 다른 복음은 없습니다. 우리가 듣고 있는 이 복음 만이 진짜 복음입니다. 이것은 내 이야기도 아니고, 바울의 이야기도 아닙니다. 이것은 하나님의 이야기입니다. 하나님이 하늘로부터 들려주신 이야기입니다.

많은 사람들이 지금 세대를, "복음을 잃어버린 세대"라고 합니다. 마치 노아의 때처럼 먹고 마시고 시집가고 장가가는 일에만 정신이 팔려 있는 이 세대야말로, 복음이 절실히 필요한 세대라는 것입니다.

복음이란 무엇입니까? 우리가 죄에 대하여 결정적으로 죽었다는 사실이 복음이며, 예수님만이 구원의 길이며, 다른 것이 아닌 오직 예수님을 아는 지식에 근거한 믿음만이 우리를 구원한다는 것이 복음입니다. 바울은 이것을 하나님이 그리스도 예수 안에서 우리에게 주신 은혜대로 하셨다고 합니다.

하나님이 우리를 구원하사 거룩하신 소명으로 부르심은 우리의 행위대로 하심이 아니요 오직 자기의 뜻과 영원 전부터 그리스도 예수 안에서 우리에게 주신 은혜대로 하심이라(딤후 1:9).

복음이 나의 삶에 실재가 되려면 우선 복음의 내용을 깊이 깨달아야 합니다. 그리고 깨달음의 차원을 넘어 복음이 내 삶에 꿈틀거리며 내 삶을 주도할 수 있도록 복음에 이끌리는 삶을 살아야 합니다.

다음 글을 읽어봅시다.

❋❋ 하이델베르크 요리문답

16문: 중보자는 왜 참 인간이고 의로운 분이셔야 합니까?

답: 하나님의 의는 죄를 지은 인간이 죗값을 치르기를 요구하나, 누구든지 죄인인 사람으로서는 다른 사람을 위해 값을 치를 수 없기 때문입니다.

17문: 중보자는 왜 동시에 참 하나님이셔야 합니까?

답: 그의 신성의 능력으로, 하나님의 진노의 짐을 그의 인성에 짊어지시며, 또한 의와 생명을 획득하여 우리에게 돌려주시

기 위함입니다.

18문: 그러나 누가 참 하나님이시며 동시에 참 인간이고 의로
우신 그 중보자입니까?

답: 우리 주 예수 그리스도, 즉 하나님께로서 나와서 우리에게
지혜와 의로움과 거룩함과 구속함이 되신 분입니다.

19문: 당신은 이것을 어디에서 압니까?

답: 거룩한 복음에서 압니다. 하나님께서는 이 복음을 처음에
낙원에서 친히 계시하셨고, 후에는 족장들과 선지자들을
통해 선포하셨으며, 또한 율법의 제사들과 다른 의식들로써
예표하셨고, 마지막에는 그의 독생자를 통해 완성하셨습니
다.

소그룹을 위한 요약

갈라디아 교회에 거짓 교사들이 들어왔습니다. 그들이 바울
에 대해 두 가지 공격을 했습니다. 첫째, 바울은 사도가 아니
라는 겁니다. 둘째, 그가 전한 복음도 가짜라는 겁니다.

바울은 자신에 대해 뭐라고 하든 신경 쓰지 않습니다. 그
는 사람들에게 판단 받는 것이 매우 작은 일이라고 합니다(고
전 4:3). 하지만 이것은 다른 문제였습니다. 자기만 가짜라고 하

면 문제가 없는데, 자기가 전한 복음까지 가짜라고 하니 가만 있을 수가 없었습니다.

그래서 갈라디아 지역에 있는 교회들에 편지를 씁니다. "여러분이 아는 바와 같이 나는 내 스스로 사도가 된 사람이 아닙니다. 누가 하라고 해서 한 것도 아닙니다. 주님이 부르셨고, 하나님이 세우셔서 사도가 되었습니다."

바울이 자신을 변호하는 것은 자신이 전한 복음 때문입니다. 하나님이 악한 세대에서 우리를 건지시려고 우리 죄를 대속하기 위해 자기 몸을 주신, 그 복음이 훼손되어선 안 되기 때문에 자기의 사도성을 변호하고 복음을 변호합니다.

그렇다면 복음이란 무엇입니까? 복음은 그리스도로 말미암아 값없이 얻는 죄 사함을 말합니다. 또한 예수님이 택한 백성을 대신해 하나님의 완전한 요구를 다 이루신 것이 복음입니다. 바울은 교회를 어지럽힌 거짓 교사들의 잘못된 사상을 이 같은 주장으로 반박합니다.

복음은 한낱 선언이나 구호가 아닙니다. 복음은 살아내는 것입니다. 단순히 "주님을 사랑합니다. 주님을 위해 살겠습니다" 하는 고백이 아니라, 주님이 피흘려 이루신 복음을 우리의 삶에서 살아내야 하는 것입니다.

소그룹을 위한 질문

1. 바울이 갈라디아서를 쓴 목적은 무엇입니까? 갈라디아 교회에 생긴 문제는 무엇이고, 바울이 이 문제를 심각하게 여긴 이유는 무엇입니까?

2. 바울은 자신의 사도성을 변호합니다. 사도란 누구이고, 바울은 어떻게 자신이 사도가 되었다고 합니까? 오늘날 자신이 사도라고 주장하는 사람들에 대해 어떻게 바라봐야 합니까?

3. 갈라디아 교회 안에 거짓 복음이 침투했습니다. 거짓 교사들이 주장하는 복음은 무엇이고 바울은 왜 그 복음이 잘못되었다고 합니까? 1장 4절을 읽고 복음의 정의를 내려보십시오.

2. 복음의 유일성

갈라디아서 1:6-10

바울은 7절에서 "다른 복음은 없나니"라고 선언합니다. 이 말은 "'다른 복음'이라는 복음은 없다", "'다른' 복음은 복음이 아니다", "다른 가르침을 복음이라 부를 이유가 전혀 없다"는 뜻입니다.

마르틴 루터는 〈갈라디아서 주석〉에서 이렇게 말합니다.

율법의 의와 그리스도의 의 사이에 중간 지점은 없다. 그리스도의 의를 잃어버린 자는 율법의 의에 떨어지고 만다. 다시 말해, 사람들은 그리스도를 잃어버릴 때 자기 자신의 행위를 의지하는 길로 곧장 미끄러져 들어간다.[16]

달리 말하면 이것은, "우리가 철저한 죄인이어서 우리가 가진(또는 행한) 것으로는 우리의 구원에 어떤 보탬도 될 수 없다"는 뜻입니다. 또 "우리는 예수님의 공로, 즉 '그리스도의 십자가 대속'을 믿음으로써만 구원을 받으며 그것 말고는 어떤 방법으로도 구원이 불가능하다"는 뜻입니다.

구원론에서 가톨릭과 개신교가 갈라지는 차이를 다음의 단순한 공식으로 정리할 수 있습니다.

- 가톨릭의 관점 : 믿음 + 행위 = 의롭다 하심
- 개신교의 관점 : 믿음 = 의롭다 하심 + 행위[17]

핵심은 행위의 자리입니다. 가톨릭은 행위를 구원의 자리에 놓고, 개신교는 성화의 자리에 놓습니다. "구원받을래? 그러면 믿고 행해야지." 이것이 가톨릭이고, "구원받았어? 그러면 구원받은 자답게 살아야지." 이것이 개신교입니다.

칼뱅은 구원의 이유를 인간에게서 찾는 것을 극도로 경계합니다. 예를 들어 로마 가톨릭이 흔히 하듯, 구원에 있어 하나님의 역할 100퍼센트, 우리의 역할 100퍼센트라는 식의 설명을 칼뱅은 거부합니다. 그렇게 되면 우리의 협력이 없으면 하나님은 우리를 구원하실 수 없는 것처럼 생각하게 되고, 우리의 의지를 하나님의 계획보다 더 높은 곳에 둘 수 있기 때문입니다. 우리에게 믿음이 없다면 구원을 받지 못하지만, 우리가 믿는 것이 하나님의 구원 계획에 협력해 드리는 것은 아닙니다. 우리가 믿는 것은 하나님의 은혜의 선물을 그저 받는 것에 불과합니다. 우리의 믿음은 구원을 얻는 통로가 되긴 하지만, 구원의 근거는 아닙니다. 우리 구원의 근거는 오직 하나님의 자비와 은혜입니다. 에베소서 2장 8절에서 "너희는 그 은혜에 의하여 믿음으로 말미암아 구원을 받았으니 이것은 너희에게서 난 것이 아니요 하나님의 선물이라"고 했을 때, '은혜에 의하여'는 구원의 근거를 말하고, '믿음으로 말미암아'는 구원을 얻게 하는 수단을 말합니다.[18]

구원은 '믿음으로' 받습니다. 여기에는 다른 어떤 것도 추가할 수 없습니다. 그러면 우리에게 믿음이 있고 그 믿음으로 구원을 받았다면, 그것으로 끝입니까? 구원받기 이전과 하나도 달라진 것 없이 아무렇게나 살아도 될까요? 그렇지 않습니다. 칼뱅은 〈기독교강요〉에서 "성도들은 거룩하게 살아야 하고, 그렇지 못한 삶으로써 하나님의 이름에 누가 되어서는 안 된다"(3:17:5)고 말합니다.

종교개혁 당시의 대표적인 인문주의자 에라스무스는 "하나님이 십계명을 주신 건 인간들이 그것을 지킬 능력이 있기 때문"이라고 했습니다. 하지만 루터는 "명령을 주셨다고 우리가 지킬 능력이 있는 건 아니다"라며 "그것이 거울이 돼서 우리가 얼마나 무능한 존재인가를 깨닫게 하는 것"이라고 했습니다.

교회사를 살펴보면 구원에 관한 많은 논쟁이 있었음을 알수 있습니다. 오리겐은 "하나님이 모든 사람을 구원하신다"는 만인구원설을 주장했습니다. 칼뱅은 "주님이 구원하기로 예정하신 자들만을 위해 오시고 죽으셨다"는 예정론을 주장했습니다. 루터는 "내가 그분을 믿음으로 받아들여야 구원을 받는다"는 "Pro me"(나를 위하여)를 주장했습니다.

누가 무슨 주장을 했든 성경이 구원을 어떻게 말하느냐가 중요합니다. 성경은 분명히 "나(예수)를 믿는 자는 구원을 받는다"고 말합니다. 믿음이 유일한 구원의 방편입니다. "네가 만일 네 입으로 예수를 주로 시인하며 또 하나님께서 그를 죽은 자 가운데서 살리신 것을 네 마음에 믿으면 구원을 받으리라"(롬 10:9).

사태의 심각성

갈라디아 교회의 소식을 들은 바울은 마음이 상했습니다. 바울은 편지를 보낼 때 대개 서두에서 인사말 후에 감사 인사를 전합니다(고전 1:4; 빌 1:3; 골 1:3; 살전 1:2; 살후 1:3). 하지만 이번에는 그러지 못했습니다. 갈라디아 신자들이 바울이 전한 자유의 은혜의 복음을 포기했다는 소식을 전해들었기 때문입니다.[19]

그리스도의 은혜로 너희를 부르신 이를 이같이 속히 떠나 다른 복음을 따르는 것을 내가 이상하게 여기노라(갈 1:6).

여기서 "너희를 부르신 이"는 바울이 아니라 하나님입니다.[20] "떠나"는 현재시제입니다. 군대에서 군인이 무단 이탈을 한 것을 가리키는 용어입니다. 한 마디로 영적인 탈영, 즉 배교가 일어나고 있는 것입니다. 문제는 떠나는 속도입니다. 그들이 "속히" 다른 복음을 따르게 되었다는 것입니다.

바울은 믿기지가 않습니다. 어떻게 이런 일이 이렇게나 쉽게 일어난다는 말입니까? 하지만 이런 일은 지금 여기서도 끊임없이 일어납니다. 마르틴 루터는 성도가 얼마나 쉽게 이단에 빠질 수 있는지 경고합니다.

바울은 여기서 자신의 경험을 통해 힘들게 수고하여 얻은 교인들이 얼마나 쉽게 금방 넘어질 수 있는지를 우리에게 가르친다. 우리가 잠자는 동안 마귀가 알곡 사이에 가라지를 뿌리러 오지 않도록 각별히 조심해야 한다. 마귀의 역사에는 성역이 없다. 목자가 아무리 조심하고 부지런하다고 해도, 기독교 공동체는 항상 사탄의 공격을 받을 수 있다.[21]

수십 년 정통 교회에 다녔다고 해도 쉽게 이단에 빠지는 사람들이 많습니다. 교회를 사랑하지 않기 때문이 아닙니다. 순간의 잘못된 선택이 돌이킬 수 없는 결과를 낳게 합니다.

갈라디아서 4장을 보면, 갈라디아 신자들도 바울이 전한 복음을 사랑했습니다. 그들이 바울을 얼마나 사랑했는지, 몸이 약한 바울을 위해 자기의 눈이라도 빼어 주려 할 정도였습니다(갈 4:15). 그런데 지금 그들의 모습은 어떻습니까? 처음의 사랑은 어디로 가고, 다른 복음을 "속히" 따르고 있습니다.

그래서 바울의 마음이 상했습니다. "그리스도의 은혜로 너희를 부르신 이를 이같이 속히 떠나 다른 복음을 따르는 것"(갈 1:6)이 이상하게 여겨질 정도였습니다. 여기서 "따른다"는 표현은 그들이 다른 복음을 좇아 교회를 떠났다는 말이 아닙니다. 여전히 같은 교회 안에 머물면서, 거짓 복음에 휘둘리고 심지어 다른 사람을 미혹하고 교회에 해로운 영향력을

끼치고 있다는 것입니다.

만일 누군가 "우리가 비록 구원의 교리는 다르지만 같은 하나님을 섬기고 있으니 예수님의 가르침을 따라 서로 사랑하고 받아주자"고 한다면 우리는 어떻게 해야 할까요? 우리가 그들과 한 지붕 아래에서 한 가족으로 살아갈 수 있을까요? 그럴 수 없습니다.

바울은 지금 마음이 상했을 뿐 아니라 크게 분노하고 있습니다. 자신이 할 수 있는 가장 심각하고 두려운 어조로 "저주를 받을지어다"(갈 1:9)라고 외칩니다. 이 사도적 저주는 오직 하나 밖에 없는 복음을 변개하고 왜곡한 거짓 교사들을 향한 경고입니다. 바울은 지금 개인 자격으로가 아니라 하나님을 대신하고 있습니다. 그렇기에 이 저주는 경고한 그대로 거짓 교사들에게 실현될 것입니다.

바울은 이런 저주의 경고를 통해 갈라디아 신자들이 어떤 반응을 보이기를 원할까요? "아, 우리가 거짓 교사들에게 현혹되어 잘못된 교리를 받아들였구나. 그리고 그것이 생각보다 심각한 일이구나" 하고 느끼는 것입니다. 그들이 사태의 심각성을 "속히" 깨닫는 것입니다.[22]

다른 복음은 없다

거짓 교사들은 자신들이 전한 교훈을 '복음'이라 불렀습니다. 바울은 그 명칭을 사용하는 것이 타당하지 않다고 합니다. 그것은 복음이라 불리지만 진정한 복음이 아닙니다. 진정한 복음은 오직 하나뿐이기 때문입니다. 그것은 바울이 이미 갈라디아 교회에 전한 복음이며, 이방인들에게 율법을 지켜 유대인이 되라고 강요하지 않는 복음입니다.[23]

요즘 신학교에서는 목회학 석사 논문을 잘 쓰지 않습니다. 연구할 주제가 많지 않기 때문입니다. 선배들이 지난 2천 년 동안 성경을 구석구석 다 연구해 놓았습니다. 그런데 이단들은 자신들이 새로운 해석을 내놓는다고 주장합니다. 새로운 게 아닙니다. 2천 년 교회 역사 속에서 이미 수많은 이단들이 한번쯤 주장했던 내용입니다. 이단은 지금만 있는 게 아닙니다. 바울 때도 있었습니다. 바울은 거짓 교사들에 의해 혼란에 빠진 갈라디아 교회를 향해 단도직입적으로 말합니다. '다른 복음은 없나니'(갈 1:7).

"다른 복음은 없다"고 하니까 마치 우리가 믿는 복음 말고 달리 선택할 수 있는 복음이 있는 것처럼 들립니다. 하지만 "다른 복음이 없다"는 말은 "이것 말고 다른 복음은 없다"는 뜻입니다. 만약 다른 복음이란 게 있다면 그것은 복음이 아니라는 뜻입니다.

지난 2천 년 동안 교회가 붙들고 지켜온 복음은 하나뿐입니다. 복음은 시대를 따라 달라지는 것이 아닙니다. 복음은 모든 시대와 문화를 초월해 하나 밖에 없습니다.

마르틴 루터의 〈대교리문답서〉는 약 5백 년 전에 쓰였습니다. 다른 교파의 교리서와 달리 내용이 비교적 쉽습니다. 그 대상이 당시의 지식인이 아닌 일반 신자였기 때문입니다. 이 책을 읽을 때마다 가슴이 뜨거워집니다. 그가 이야기하는 십계명, 사도신경, 주기도문 해설에 복음이 담겨 있기 때문입니다. 세월은 변해도 복음은 변하지 않습니다. 복음은 언제 어디에서라도 단 하나 밖에 존재하지 않습니다.

바울은 거짓 교사들이 "다른 복음"을 전한다고 비판합니다. 그들이 '복음의 모조품'을 만들어 팔고 있다는 것입니다. 말이 좋아서 모조품이지 복음을 '뒤집어 엎은' 것에 불과합니다. 뒤집어 엎었다면 그것은 복음이 아닙니다. 복음이 아니라 복음을 가장한 틀린 메시지입니다. 진품과 짝퉁은 엄연히 다릅니다. 똑같은 상표가 붙어 있고 모양이 똑같아 보여도 그 둘은 서로 근본적으로 다릅니다. 진품을 잘 모르면 속을 수 있습니다. 그러나 진품을 제대로 철저하게 알고 있다면 짝퉁을 분별하지 못할리 없습니다. 우리가 복음을 제대로 철저하게 알아야 할 이유가 바로 여기 있습니다.

바울은 이 같은 '복음 아닌' 짝퉁 복음을 따르는 것을 가리켜 예수님이 죽음으로 구원해 내신 "이 악한 세대"로 되돌아가는 것이라고 합니다. 그러니 그것을 받아들일 수 없다고 단호하게 말합니다. 거짓과의 타협이나 대화는 있을 수 없습니다. 짝퉁 복음은 배척되어야 하며 그것을 전한 거짓 교사들은 저주를 받아 마땅합니다. 복음의 유일성을 해친 자들이기 때문입니다. "너희는… 은혜에서 떨어진 자로다"(갈 5:4).

전도 = 저주?

거짓 교사들이 전한 소위 '복음'은 바울이 전한 복음에 율법을 얹어 변질시킨 가짜입니다. 그들이 전한 복음으로 전도하면 할수록 죄를 쌓을 뿐입니다. 그러니 바울이 그토록 분노하고 그들을 저주한 것은 당연합니다.

그러나 우리나 혹은 하늘로부터 온 천사라도 우리가 너희에게 전한 복음 외에 다른 복음을 전하면 저주를 받을지어다. 우리가 전에 말하였거니와 내가 지금 다시 말하노니 만일 누구든지 너희가 받은 것 외에 다른 복음을 전하면 저주를 받을지어다(갈 1:8-9).

위 구절에서 두 번이나 "저주를 받을지어다"라고 말합니다. "저주를 받는다"고 번역된 헬라어는 '아나데마'(anathema)입니다. 그것은 하나님에 의해 멸망당하도록 저주를 받는 것을 가리킵니다. 구약의 아간이 그 예입니다. 그는 여리고성 전투에서 하나님의 명령을 어기고 전리품을 숨겼습니다. 그 결과 그와 가족과 그에게 속한 모든 것이 다 죽고 말았습니다(수 7:24-26).

바울은 거짓 교사들이 하나님의 이 같은 저주 아래 놓이기를 원합니다. 이것은 바울의 개인적인 감정 때문이 아닙니다. 바울은 그들에게 악감정이 없습니다. 누구든지 이런 일을 저지르면 응당 그런 벌을 받아 마땅하다는 것입니다. 누구도 예외가 없습니다. 그는 인간뿐 아니라 천사들과 심지어 자기 자신에게까지 그 원칙을 적용합니다.

바울이 왜 이렇게까지 하는 걸까요? 그가 앞뒤가 꽉 막힌 사람이기 때문입니까? 그렇지 않습니다. 그는 융통성도 있고 사랑도 많은 사람입니다. 눈물도 많고 인정도 넘칩니다.

나는 이방인을 만나면 이방인처럼 행동했습니다. 유대인을 만나면 내가 은혜 아래 있는 자이지만, 율법 아래 있는 자처럼 행동했습니다. 내가 그렇게 한 이유는, 한 영혼이라도 더 구원하기 위해서입니다(고전 9:20, 저자 사역).

바울은 한 영혼을 구원하기 위해서라면 신분의 껍데기를 벗어던질 줄 아는 사람이었습니다. 자기가 유대인이든 이방인이든, 로마인의 신분이든 유대인의 신분이든 아무 상관이 없었습니다. 사람들이 자신을 어떻게 보든 개의치 않았습니다.

그는 음식 문제에 있어서도 자유로웠습니다. 어떤 사람은 우상에게 바친 음식은 양심에 거리낀다고 먹지 않았습니다. 하지만 바울은 음식은 사람을 더럽게 할 수 없다며 먹어도 된다고 했습니다(딤전 4:4).

바울은 사람마다 믿음의 모양이 다른 것을 알고 있었습니다. 이렇게 다양한 믿음의 모양을 바울도 인정합니다. 그래서 서로를 향해 "비난하지 말라"고 했습니다. 대신 "서로를 위해 덕을 세우라"고 권면했습니다.

누가 보더라도 바울은 융통성이 넘치는 사람입니다. 하지만 바울이 절대로 양보할 수 없는 게 있습니다. 바로 '복음'입니다. 복음만큼은 어떤 일이 있어도 타협할 수 없습니다.

어떤 사람은 이것이 편협한 태도라고 합니다. 이래서 개신교가 비난을 받는다고 합니다. 마음을 조금 더 열어 다른 종교를 인정하면 좋지 않겠느냐고 합니다.

하지만 복음은 바꿀 수 없습니다. 복음을 바꾼다면 그것은 복음이 아닙니다. 복음을 바꾸면 '다른 복음'이 되는 게 아니라, 복음이 없어집니다. 복음은 복음과 다른 복음이 있는 게 아니라, 오직 복음만 있습니다. 그래서 바울이 "다른 복음은 없나니"(갈 1:7)라고 말한 것입니다.

우리는 감기에 걸리면 감기약을 먹습니다. 그런데 감기약에 최근 효과가 탁월하다고 알려진 암 치료제를 더 넣는다고 해 봅시다. 그 때부터 그 약은 감기약이 아닙니다. 아무리 좋은 성분이라도 감기 치료와 아무 상관없는 것을 더한다면, 또는 감기 치료에 꼭 필요한 성분을 뺀다면 그건 '또다른 감기약'이 아니라 그냥 감기약이 아닙니다.

복음도 마찬가지입니다. 복음에는 절대로 어떤 것도 더하거나 뺄 수 없습니다. 계시록의 저자 요한도 만일 복음에 무엇이든 더하거나 뺀다면 그 결과가 어떨지 단호하게 말합니다.

내가 이 두루마리의 예언의 말씀을 듣는 모든 사람에게 증언하노니 만일 누구든지 이것들 외에 더하면 하나님이 이 두루마리에 기록된 재앙들을 그에게 더하실 것이요 만일 누구든지 이 두루마리의 예언의 말씀에서 제하여 버리면 하나님이 이 두루마리에 기록된 생명나무와 및 거룩한 성에 참여함을 제하여 버리시리라"(계 22:18-19).

만일 누군가 전도할수록 저주를 받는다면 그는 매우 불행한 사람입니다. 이것이 우리가 바른 복음 위에 서야 하는 중요한 이유입니다.

복음의 유일성

거짓 교사들은 바울의 사도적 직분을 폄훼할 뿐 아니라 바울이 사람들의 비위를 맞춰가며 자신만의 가르침을 전했다고 비난했습니다. 바울이 율법의 행위 없이 단순히 믿기만 하면 구원을 받는다고 가르쳤기 때문입니다. 거짓 교사들의 비난에 대해 바울은 그들의 주장을 조목조목 반박합니다.

이제 내가 사람들에게 좋게 하랴? 하나님께 좋게 하랴? 사람들에게 기쁨을 구하랴? 내가 지금까지 사람들의 기쁨을 구하였다면 그리스도의 종이 아니니라(갈 1:10).

질문1: "이제 내가 사람들에게 좋게 하랴?"

대답1: "아니다. 나는 사람들의 비위를 맞추기 위해 값싼 복음을 전하지 않고 은혜의 복음을 전했다."

질문2: "하나님께 좋게 하랴?"

대답2: "그렇다. 나는 하나님께 인정을 받기 위해 이렇게 하고 있다."

질문3: "사람들에게 기쁨을 구하랴?"

대답3: "아니다. 나는 하나님을 기쁘시게 하기 위해 노력하고 있다."

바울의 대답은 분명합니다. "내 메시지가 값싼 은혜, 율법 없는 은혜, 행위의 대가를 치르지 않는 복음을 설교하는 것이라고? 지금부터 내 대답을 알려주마. 나는 사람들로부터 인정을 받으려고 이 일을 하는 것이 아니다. 나는 하나님이 내게 계시해 주신 그대로를 전하고 있다. 내가 전한 복음이 참된 복음이다."

바울은 복음과 타협하는 식으로 사람들의 지지를 얻으려 하지 않았습니다. 사도의 직분을 권력화하지 않고, 복음을 자신이 먹고 사는 일에 이용하지도 않았습니다. 그의 관심은 복음 자체에 있습니다. 바른 복음을 지키는 일에 자기 인생을 걸었습니다.

세월이 지나면 이론은 변하기 마련입니다. 진리라 여겨지는 과학도 변하고 학문도 변합니다. 하지만 복음만은 변하지 않습니다. 하나님이 우리에게 주신 복음 외에 다른 복음은 없습니다. "예수님이 우리를 구원하신다"는 그 복음 외에 다른 복음을 주신 적이 없습니다. 그래서 바울은 사람들에게 인정 받지 못하고, 따돌림을 당하고, 불이익을 당해도 "다른 복음은 없다"고 외칩니다.

다른 복음은 없습니다. 세상 모든 것이 변하고, 인간이 만들어놓은 모든 문명이 변한다 할지라도 오직 복음만은 변하지 않습니다. 복음이 변하지 않는 이유는, 하나님께서 이 '복음'을 우리에게 주셨기 때문입니다.

다음 글을 읽어봅시다.

하이델베르크 요리문답

20문: 그러면 아담 안에서 모든 사람이 멸망한 것처럼 그리스도를 통하여 모든 사람이 구원을 받습니까?

답: 아닙니다. 참된 믿음으로 그리스도에게 연합되어 그의 모든 은덕을 받아들이는 사람들만 구원을 받습니다.

21문: 참된 믿음이란 무엇입니까?

답: 참된 믿음은 하나님께서 그의 말씀에서 우리에게 계시하신 모든 것이 진리라고 여기는 확실한 지식이며, 동시에 성신께서 복음으로써 내 마음속에 일으키신 굳은 신뢰입니다. 곧 순전히 은혜로, 오직 그리스도의 공로 때문에 하나님께서 죄 사함과 영원한 의로움과 구원을 다른 사람뿐 아니라 나에게도 주심을 믿는 것입니다.

소그룹을 위한 요약

바울은 갈라디아 교회를 보며 안타까워합니다. "너희가 어찌 이렇게 속히 떠나 다른 복음을 따르고 있느냐?"고 책망합니다. 거짓 교사들은 예수님도 믿고 율법도 지켜야 한다고 가르쳤습니다. 예수님을 믿는 것이 신앙생활의 출발이라면 완성은 율법에 대한 순종이라고 가르쳤습니다.

　　바울은 그것을 '다른 복음'이라고 합니다. 바울이 다른 복음이라고 한 것은 그가 전한 복음 말고 다른 복음이 있다는 뜻이 아니라, 그런 복음은 없다는 뜻입니다. 복음은 하나입니다. 주님이 성경대로 우리 죄를 위해 죽으시고, 성경대로 사흘만에 부활하셨다(고전 15:3-4)는 그 복음 외에 다른 복음은 없습니다.

바울은 다른 복음을 전하는 자는 저주를 받는다고 선언합니다. 바울이 이렇게 강경하게 말하는 것은 자신이 그리스도의 종이기 때문입니다. 그리스도의 종은 사람을 기쁘게 하지 않습니다. 하나님을 기쁘시게 합니다. 자신에게 신변의 위협이 가해지고 어려움이 찾아와도 바울은 마땅히 해야 할 말을 하고 있습니다.

세월이 지나면 이론은 변하기 마련입니다. 진리라 여겨지는 과학도 변하고 학문도 변합니다. 하지만 복음만은 변하지 않습니다. 세상 모든 것이 변하고, 인간이 만들어 놓은 모든 문명이 다 변한다 할지라도 오직 복음만은 변하지 않습니다. 복음이 변하지 않는 이유는 하나님께서 이 '복음'을 우리에게 주셨기 때문입니다. 하나님이 우리에게 주신 이 복음 외에 다른 복음은 없습니다.

소그룹을 위한 질문

1. 바울이 갈라디아 신자들을 이상히 여긴 이유는 무엇입니까? 바울은 왜 그것을 이상하게 여길까요? 우리는 다른 복음을 가진 자와 한 교회 안에서 신앙생활을 할 수 있을까요?

2. 교회 안에 침투한 이단들의 특징은 무엇입니까?(7절) 바울이 복음을 변개하고 왜곡한 자들에게 내리는 경고는 무엇입니까?(8, 9절) 우리는 그들에 대해 어떻게 대응해야 할까요?

3. 누가 하나님의 참된 일꾼입니까? 하나님의 참된 일꾼은 사람을 좋게 하거나 기쁘게 해서는 안 될까요? 10절은 무슨 의미입니까? 고린도후서 1장 24절을 읽고 그 의미를 이야기해 보십시오.

3. 복음의 가치

갈라디아서 2:1-10

엔도 슈사쿠의 〈침묵〉이란 소설이 있습니다. 17세기 일본의 기독교 박해를 다룬 소설입니다. 극심한 박해 속에 페레이라 신부가 배교를 합니다. 소식을 접한 예수회가 로드리고와 가르페 신부를 급히 파송합니다. 두 사람이 배를 타고 가며 일본의 고문 실상에 관한 대화를 나눕니다. 몸에 뜨거운 물을 붓고, 열탕에 집어 넣고, 거꾸로 매달아 못으로 정수리에 구멍을 뚫은 뒤 피를 한방울씩 떨어뜨려 죽게 하는 이야기들입니다.

하지만 두 사람은 겁먹지 않습니다. 신앙으로 얼마든지 이겨낼 수 있다고 생각합니다. 그들이 일본에 도착해 페레이라

신부의 행적을 찾습니다. 그러던 중 한 일본 청년의 밀고로 붙잡히게 됩니다.

로드리고가 감옥에서 몇 차례 취조를 받습니다. 극심한 고문을 당할 거라는 예상과 달리 평화로운 시간을 보냅니다. 며칠 후 일본 관리들이 예수님의 초상화를 짓밟으라는 명령으로 신자와 배교자를 구분해 내려 합니다. 일본 관리가 로드리고에게 "네가 예수님의 초상화를 밟으면 일본 신자들을 살려주겠다"는 제안을 합니다.

그때 로드리고가 페레이라 신부를 극적으로 만납니다. 페레이라는 로드리고에게 "예수님도 저들을 위해서라면 배교했을 것"이라며 초상화를 밟으라고 합니다. 로드리고는 그 말을 듣고 초상화를 밟습니다. 그러자 사람들이 로드리고를 향해 "배교자"라고 비난합니다. 그렇게 고통 중에 있을 때 자기를 밀고한 청년이 찾아와 고해성사를 하겠다고 합니다. 상황은 점점 꼬여 갑니다. 이렇게 고통스러운 상황 속에서 로드리고가 "하나님은 도대체 어디 계시냐?"며 소리를 지릅니다. 소설은 하나님은 순교의 현장, 배교의 현장 밖에 계셨던 것이 아니라 그 현장 속에서 침묵으로 그들과 함께 계셨다는 것으로 끝이 납니다.

기독교의 역사는 박해의 역사입니다. 프랑스 종교개혁 당시 많은 신자들이 '오직 믿음으로 구원'을 외치다 박해와 고통을 겪었습니다. 그들은 1685년부터 1785년까지 프랑스 국민의 자격을 누릴 수도 없었습니다. 그들을 위그노라 부르는데, 존 파이퍼는 그때 목숨을 부지하기 위해 신앙을 버리지 않았던 메리 듀란트라는 소녀를 소개합니다.

17세기 말엽, 프랑스 남부에 메리 듀란트라는 소녀가 위그노 이단에 속했다는 죄목으로 당국자들 앞에 끌려왔다. 그 소녀는 열네 살이었고, 총명하고 매력적이며 결혼할 수 있는 연령이었다. 그녀는 위그노 신앙을 버리라는 요구를 받았다. 부도덕한 행위나 범죄자가 되라는 것이 아니었다. 날마다 자신의 행동을 바꾸어야 한다는 것도 아니었다. 그저 '신앙을 부인하겠다'는 말만 하면 됐다. 그 이상도 그 이하도 아니었다. 하지만 그녀는 그런 요구에 응하지 않았다. 그녀는 30명의 다른 위그노 여인들과 함께 바다 곁에 있는 탑에 수감되었다. …그녀의 수감은 38년 동안 계속 되었는데 …다른 동료 순교자들과 함께 감옥 벽에 단 하나의 단어를 새겨놓았다. 그것은 '인내'라는 단어였다.[24]

신앙의 선배들은 이렇게 복음을 지켜왔습니다. 복음을 잃지 않기 위해 자기 목숨을 기꺼이 잃었습니다. 그런 희생을 마다않은 데는 복음은 그럴 가치가 충분했기 때문입니다. 복음을 지켜내기 위한 그들의 희생과 헌신 덕분에 지금 우리가 복음을 자유롭게 듣고 전할 수 있습니다. 그런데 어찌 이 복음 외에 다른 복음을 용납할 수 있습니까?

복음을 지켜라

바울이 예루살렘에 올라갑니다. 두 번째 방문입니다. 갈라디아서 2장 1절을 보면, "십사 년 후에 내가 바나바와 함께 디도를 데리고 다시 예루살렘에 올라갔다"고 합니다. 언제를 기점으로 14년이라고 할까요? 회심 후 14년인지, 아니면 회심 후 아라비아에 3년 동안 머물다가 예루살렘에 15일간 방문한 후 14년인지 분명치 않습니다. 많은 학자들이 회심 후 14년으로 봅니다.[25]

바울이 왜 갔을까요? 외적으로는 "계시를 따른" 것이고, 내적으로는 "헛되지 않게" 하기 위해서입니다(갈 2:2). 하나님이 보내셔서 갔고, 자신이 전한 복음이 헛되지 않게 하기 위해 간 것입니다.

당시 예루살렘 교회는 바울이 전한 복음을 인정하지 않았습니다. 바울이 이방인을 율법의 행위에서 배제시켰다는 이유에서였습니다. 반면 예루살렘 교회는 이방인도 율법을 지켜야 한다고 주장했습니다. 이방인도 할례를 받지 않으면 구원을 받을 수 없다고 보았습니다.

그렇기에 바울이 예루살렘에 올라가는 건 단순한 인사차 방문이 아닙니다. 그들의 주장이 맞는지 바울의 주장이 맞는지 담판을 짓기 위한 목적이 컸습니다. 그래서 바울은 두 가지를 준비했습니다. 첫째가 디도이고, 둘째가 복음입니다.

바울은 가장 확실한 두 가지를 준비했습니다. 우선 디도는 이방인입니다. 평신도가 아니라 그레데의 감독입니다. 바울은 디도에게 그레데의 교회들을 다스리는 책임을 맡겼습니다(딛 1:9). 그는 할례도 받지 않았습니다. 그런 디도를 앞세워 예루살렘으로 올라갑니다.

예루살렘 교회가 어떻게 반응할까요? 디도를 형제로 받아들일까요, 아니면 거부할까요? 그들이 바울이 전한 복음을 받아들일까요, 아니면 어떤 식으로든 수정하려 할까요? 이것은 모든 사람이 궁금해 하던 질문입니다.[26]

놀랍게도 예루살렘 교회의 사도들은 바울의 복음을 수정하라고 지시하지 않았습니다. 그들은 디도에게 할례도 강요하지 않고, 바울이 전한 복음도 받아들입니다(6-10절).

너무 쉬워 보입니다. 그동안 괜한 고민을 한 것처럼 보입니다. 하지만 이 일이 쉽게 된 것은 아닙니다. 2-3절 사이에 어떤 문제가 생긴 것처럼 보입니다. 행간을 읽어보면, 누군가 디도에게 억지로 할례를 받게 하려 한 것입니다. 하지만 바울이 그것을 완강히 거부했습니다.[27]

복음을 훼방하려던 자들이 누구입니까? "거짓 형제들"(4절)입니다. 사도행전 15장에 등장하는 자들입니다. "바리새파 중에 어떤 믿는 사람들이 일어나 말하되 이방인에게 할례를 행하고 모세의 율법을 지키라 명하는 것이 마땅하다 하니라"(행 15:5).

이들이 교회 안의 '유대주의자'입니다. 예수님도 믿고 율법도 지켜야 한다고 주장하는 사람들입니다. 그들에게는 신자들이 여전히 할례를 행하고 율법을 지키는 것이 중요했습니다. 그래서 디도에게도 할례를 강요한 것입니다.

바울이 어떻게 했나요? "그러나 나와 함께 있는 헬라인 디도까지도 억지로 할례를 받게 하지 아니하였으니"(3절).

바울은 문제의 본질이 무엇인지 알았습니다. 그것은 할례와 비할례, 이방인의 풍습과 유대인의 풍습의 문제가 아니었습니다. 그것은 복음의 진리에서 근본적으로 중요한 문제, 곧 그리스도인의 자유 대 속박의 문제였습니다.

이 문제에서 디도는 시험 사례였습니다. 그는 할례 받지 않은 이방인입니다. 하지만 그는 회심한 그리스도인이었습니다. 그는 예수님을 믿었기 때문에 그리스도 안에서 하나님께 받아들여졌고, 바울은 그것으로 충분하다고 했습니다. 그의 구원을 위해 더 이상 어떤 것도 더할 필요가 없었습니다. 예루살렘 공의회는 후에 그 사실을 확증해 줍니다(행 15장).[28]

바울은 '복음의 내용'을 지키는 일에 어떤 희생도 마다하지 않았습니다. 그는 유대주의자들의 압력에 저항했으며, 디도에게 할례 받을 것을 강요하지 않았습니다. 그는 진리의 문제가 아닐 때는 부드럽고 유순했지만 진리의 문제와 관련될 때는 누구보다 단호했습니다.

마르틴 루터는 진리의 문제를 다룸에 있어 우리가 어떤 태도를 취해야 하는지가 매우 중요하다고 합니다.

그렇다면 이것이 모든 것의 결론이 되어야 한다. 곧 우리의 재산, 우리의 명성, 우리의 생명, 우리가 가진 모든 것은 다 빼앗기더라도, 복음, 우리의 믿음, 예수 그리스도는 절대 빼앗기지 않아야 한다는 것이다. 이 점에서 자신을 낮추고 굴복하는 겸손함은 저주를 받을지어다. 아니 오히려 그리스도를 부인하지 않으려면, 그리스도인들은 이 점에서 자부심을 느끼고 인정을

베풀지 않아야 한다.[29]

복음은 지켜지고 보호되어야 합니다. 누가 그 일을 해야 할까요? 왜 바울이 디도의 할례를 막은 걸까요? 디도의 할례가 그리스도께서 주신 자유를 "다시 속박하게 될까" 염려했기 때문입니다(4절). 사실 할례 자체는 문제가 아닙니다. 그것은 아디아포라(adiaphora, 비본질적인 것)에 지나지 않습니다. 바울은 이미 디모데에게 할례를 행한 적이 있습니다(행 16:3). 그에게 의식이 필요했기 때문이 아닙니다. 그가 유대인의 회당을 중심으로 사역을 해야 했기에 그들을 위해 할례를 행한 것뿐입니다.

하지만 할례가 구원의 문제에 개입되면 이야기가 달라집니다. 할례를 받아야만 구원을 받는다고 하면, 복음이 깨집니다. 복음의 가치가 훼손됩니다. 다시 율법이 사람을 속박하게 되고, 그리스도께서 주신 자유는 어정쩡한 것이 되고 맙니다.

그래서 바울이 '할례'를 완강히 거부한 것입니다. "그들에게 우리가 한시도 복종하지 아니하였으니"(5절). 왜 복종하지 않았다고 하나요? "복음의 진리가 항상 너희 가운데 있게"(5절) 하기 위해서입니다.

복음의 진리가 무엇입니까? "우리가 율법의 행위 없이 오직 믿음으로 의를 얻는다"는 것입니다. "율법의 행위로도 의롭다 함을 얻는다"는 주장은 부패하고 거짓된 복음입니다.[30]

오직 하나뿐인 복음

바울이 14년 만에 예루살렘을 재방문한 결과는 무엇입니까?

> 유력하다는 이들 중에 (본래 어떤 이들이든지 내게 상관이 없으며 하나님은 사람을 외모로 취하지 아니하시나니) 저 유력한 이들은 내게 의무를 더하여 준 것이 없고(갈 2:6).

첫째, 복음은 오직 하나뿐임을 확인합니다. 바울은 예루살렘에서 유력한 사람들을 만납니다. 예수님의 동생 야고보, 베드로, 요한입니다. 그들은 교회 안에서 "유력한 자들"(2, 6절)이자 "기둥같이 여기는 자들"(9절)입니다. 바울이 그들에게 자신이 믿는 복음을 설명합니다. 그들이 보인 반응은 무엇입니까? "저 유력한 이들은 내게 의무를 더하여 준 것이 없고"(6절). 이것은 그들이 아무런 지시를 하지 않았으며 바울이 전한 복음을 인정했다는 뜻입니다. 그들은 바울의 복음에 할례를 더하거나 멋지게 꾸미려 하지 않았습니다. 바울이 전한 복음을 있는 그대로 받아주었습니다.

그때 전파한 복음이 지금 갈라디아 신자들에게 전파한 복음입니다. 2절을 보면, "내가 …전파하는 복음"이라고 합니다. 현재시제입니다. "그때 사도들 앞에서 전한 복음이, 지금 내가 너희에게 전하는 복음"이라는 뜻입니다. 그런데 그때 사도들이 문제 없다고 한 복음을 너희가 문제 있다고 한다면, 도대체 누가 문제가 있느냐는 것입니다.

그러면서 이렇게 덧붙입니다 "내가 전한 복음을 사도들이 인정했다고 해서, 그 이유 때문에 바른 복음이 되었다는 뜻은 아니다." '유력한 사도들'이나 '바울 자신'이나 자격과 권위 면에서는 하나님 앞에서 동등하다는 것입니다. 그것이 6절의 괄호 부분입니다. "본래 어떤 이들이든지 내게 상관이 없으며 하나님은 사람을 외모로 취하지 아니하시나니."

당시 거짓 교사들은 바울이 예루살렘 사도들에 비해 급이 다르다고 보았습니다. 예루살렘에 있는 예수님의 제자들이 바울보다 더 권위 있다고 주장했습니다.

갈라디아 신자들 눈에도 권위 면에서 바울이 뒤쳐진다고 생각할 수 있습니다. 야고보는 예수님의 동생이고, 베드로는 예수님의 수제자이고, 요한은 예수님이 가장 사랑하시는 제자입니다. 그들은 예수님이 세상에 계실 때 3년 간 함께 지냈습니다. 바울은 그렇지 않습니다. 그는 주님이 지상에 계실 때의 모습을 직접 본 적이 없습니다. 그의 회심도 예수님이 승천하시고 한참이나 지나서 이루어졌습니다.

하지만 바울은 이것이 본질이 아니라고 합니다. 중요한 것은 '그가 누구냐'가 아니라 '그가 전한 복음이 무엇이냐'입니다. 바울은 자신에게 있는 복음을 그들에게 내놓습니다. 바울이 전한 복음도 예루살렘 사도들이 전한 복음과 다르지 않았습니다. 그래서 바울과 사도들은 예루살렘에서 복음은 오직 하나뿐임을 다시 확인합니다. 복음이 가치 있는 이유가 뭘까요? '오직 하나뿐'이기 때문입니다.

복음의 한 지붕 아래

바울이 예루살렘 교회를 방문하여 도출된 두 번째 결과는 사도들과 바울 사이에 '역할 분담'이 이루어졌다는 것입니다.

> 도리어 그들은 내가 무할례자에게 복음 전함을 맡은 것이 베드로가 할례자에게 맡음과 같은 것을 보았고, 베드로에게 역사하사 그를 할례자의 사도로 삼으신 이가 또한 내게 역사하사 나를 이방인의 사도로 삼으셨느니라(2:7-8).

예루살렘의 사도들은 바울의 이방 선교를 인정합니다. 그들은 베드로가 '할례자에게 복음 전함'을 맡은 것처럼, 바울이 '무할례자에게 복음 전함'을 맡았음을 확인합니다. 여기서 할례자는 유대인을, 무할례자는 이방인을 가리킵니다. 주께서 베드로를 유대인의 사도로 삼으신 것처럼 또한 바울을 이방인의 사도로 삼으셨다는 것입니다. 하지만 각자 고유한 역할을 맡았다고 해서 바울이 유대인에게, 사도들이 이방인에게 복음을 전하지 못하는 것은 아닙니다. 바울은 어느 지역을 가든 유대교 회당을 선교의 거점으로 삼았고, 베드로 역시 이방인 백부장에게 복음을 전하여 온 가족이 믿고 세례를 받게 했습니다(행 10장).

그들이 복음을 전하는 지역은 달랐지만 그들이 전하는 복음은 같았습니다. 그들에게 주어진 역할은 달랐지만 베드로에게 역사하신 하나님은 바울에게도 역사하셨습니다.

이처럼 바울과 사도들 사이에 역할 분담이 이루어진 것은 그들이 같은 복음을 가지고 있었기 때문입니다. 만약 그들이 서로 다른 복음을 가졌다면 그들은 서로 다투고 분쟁하며 하나가 되지 못했을 것입니다. 복음이 하나이기에 역할 분담은 얼마든지 이루어질 수 있습니다. 그들은 복음의 한 지붕 아래 각기 다른 역할을 맡아 사역하게 되었습니다.

복음의 동역자

또 기둥 같이 여기는 야고보와 게바와 요한도 내게 주신 은혜
를 알므로 나와 바나바에게 친교의 악수를 하였으니 우리는
이방인에게로, 그들은 할례자에게로 가게 하려 함이라(9절).

바울이 예루살렘 교회를 방문하여 얻은 세 번째 결과는,
그들이 서로 동역자가 되었다는 것입니다. 사도들이 바울과
바나바에게 손을 내밀어 친교의 악수를 나눕니다. 이 악수는
'교제'의 의미보다 '동역'의 의미가 더 큽니다. "이제 함께 일하
게 됐으니 잘 해보자"는 뜻입니다. 이렇게 보면 이 악수에서
결의가 느껴집니다. 부르심을 받은 영역은 다르지만, 전하는
복음은 하나라는 고백이 악수 안에 담겨 있습니다.

하지만 악수까지 했다고 모든 게 끝난 것은 아닙니다. 사도
들이 바울의 복음은 받아주었지만 예루살렘 교회 안에는 여
전히 바울의 신학을 못마땅하게 여기는 사람들이 있었습니
다. 그러면 그들의 마음을 달래고, 복음을 율법 아래 두려는
자들의 시도를 봉쇄하려면 어떻게 해야 할까요? 예루살렘 공
의회를 소집해 복음의 정의를 확정해야 합니다. 그때까지 바
울과 사도들이 해야 할 일이 뭘까요? 유대 그리스도인들과 이

방 그리스도인들의 마음의 거리를 좁히는 일입니다. 사도들이 마음의 거리를 좁히는 방법을 제안합니다. 이방 그리스도인들이 가난한 유대 그리스도인들을 기억하고 그들을 돌보는 것입니다. 사도들의 제안에 바울이 기쁨으로 응답합니다.[31]

복음이 가는 길

다만 우리에게 가난한 자들을 기억하도록 부탁하였으니 이것은 나도 본래부터 힘써 행하여 왔노라(2:10).

복음은 혼자 가지 않습니다. 사랑도 긍휼도 함께 갑니다. 복음은 영혼만 치유하지 않습니다. 가난한 자, 병든 자도 살리고 일으킵니다. 예루살렘에서 떠나온 바울은 약속을 잊지 않습니다. 이방 교회를 다니며 예루살렘 교회를 위해 모금을 합니다(행 24:17; 롬 15:25-58; 고전 16:1-4; 고후 8-9장 참조). 구제로 시작된 모금이 이방인 신자와 유대인 신자의 마음을 열어 교회의 하나됨을 이룹니다.

교회는 복음도 전하지만, 어려운 이웃도 돌봐야 합니다. 마르틴 루터는 "복음 선포 다음으로 가난한 사람을 배려하는 것이 좋은 목회자의 과제"[32]라고 했습니다.

옥에 갇힌 세례 요한이 주님더러 당신이 메시아시냐고 묻습니다. 주님은 선지자들의 예언대로(사 11:1-4, 61:1-2) 자신이 질병을 고치고 가난한 이들에게 복음을 전한다고 말씀하십니다(마 11:1-6). 그리고 주님의 은혜를 입은 자는 빈민을 돕는 일에 열심을 냅니다(눅 6:35-36). 하나님은 우리의 믿음을 판단하실 때, 빈민과 난민과 병자와 죄수를 섬겼는지를 보십니다(마 25:44-46).

예수님은 이 일에 모범을 보이셨습니다. 성육신을 통해 가난한 이들 곁으로 이주하셨습니다(눅 2:24, 고후 8:9). 사회에서 소외당한 이들과 함께 먹고 어울리셨습니다. 그분은 이를 '긍휼'이라 하십니다(마 9:13). 성경은 우리에게 그분을 닮을 것을 말씀합니다(고후 8:8-15).[33]

복음은 낮은 곳을 향합니다. 참된 교회는 가난한 자들의 영적 문제뿐 아니라 건강과 주거 문제, 심지어 재정 문제에까지 관심을 가집니다. 모든 힘을 기울여 권력에서 소외된 자들, 교육이나 영양이 결핍된 자들, '소수' 그룹에 속한 자들까지 구제합니다.[34] 그리스도인들은 가난한 이들을 돌봄으로 서로 연합합니다. 여기서 교회의 하나됨과 복음의 가치가 빛을 발합니다.

복음의 가치

서서평 선교사의 일대기를 그린 영화가 있습니다. 〈서서평, 천천히 평온하게〉입니다. 그녀는 1880년 독일 비스바덴에서 태어났습니다. 세 살 때 엄마는 미국으로 혼자 이민을 가고, 그녀는 조부모의 손에서 컸습니다. 아홉 살 때 할머니가 돌아가시자, 주소가 적힌 쪽지 하나를 들고 엄마를 찾아 미국으로 떠납니다. 미국에서 간호학교를 졸업하고, 성경학교를 거쳐 선교사가 됩니다. 1912년 미국 남장로교의 파송을 받아 우리나라에 간호선교사로 오게 되었습니다.

그때 그녀의 나이가 서른두 살입니다. 그녀는 22년간 전라남도 광주에 있는 제중원에서 간호사로 일하며 병원과 주일학교를 섬겼습니다. 14명의 양자와 양녀를 입양해서 키웠습니다. 38명의 과부들을 자립시켰습니다. 소외당한 사람들, 특히 결핵 환자들과 한센병 환자들을 돕는 일을 했습니다. 그렇게 22년 간 헌신하다가 쉰네 살에 풍토병과 과로와 영양실조로 세상을 떠났습니다.

그녀가 남긴 유품으로는 담요 한 장과 동전 몇 개, 강냉이두 홉이 전부였습니다. 그리고 자신의 시신마저 의학 연구용으로 기증하도록 유언을 남겼습니다.

그녀가 죽은 후 사람들은 그녀에 대해 이렇게 말했습니다. "서서평 선교사는 조선 땅에 와서 조선 사람의 친구로 산 것이 아니다. 그녀는 조선 사람으로 살았다. 조선 사람처럼 한복을 입고, 조선 사람처럼 보리밥에 된장국을 먹으면서 고무신을 끌고 살았다."

헌신적으로 조선 사람을 섬기던 서서평 선교사가 죽었을 때, 광주에서는 최초로 '광주시민장'을 치러 그녀의 죽음을 애도했습니다. 장례식이 있던 날, 광주 시민과 특별히 한센병 환자들이 장례 행렬을 따르며, "어머니, 어머니" 하고 오열을 했습니다. 이것을 한 일간지에서 이렇게 다뤘습니다. "서서평 선교사는 생전에 다시 태어난 예수로 불리던 사람이다."

왜 그녀가 이 땅에 왔을까요? 무슨 이유 때문에 가난한 나라에 들어와 평생 자기가 낳지 않은 아이들을 키우다가 끝끝내 풍토병에 걸려 죽었을까요? 그 이유를 무엇이라 설명할 수 있겠습니까? '복음' 때문입니다. 복음이 그녀를 불러내어 이역만리 타국 땅에서 복음의 삶, 십자가의 삶을 살게 했습니다. 복음이 그만큼 가치 있기 때문입니다.

다음 글을 읽어봅시다.

＊＊ 하이델베르크 요리문답

86문: 우리의 공로가 조금도 없이 그리스도로 말미암아 오직 은혜로 우리의 죄와 비참함으로부터 구원을 받았는데, 우리는 왜 또한 선행을 해야 합니까?

답: 그리스도께서 그의 보혈로 우리를 구속하셨을 뿐 아니라 그의 성신으로 우리를 새롭게 하여 그의 형상을 닮게 하시기 때문입니다. 이것은 우리가 모든 삶으로써 하나님의 은덕에 감사하고 하나님께서 우리를 통해 찬양받으시기 위함이며, 또한 우리 각 사람이 그 열매로써 자신의 믿음에 확신을 얻고, 경건한 삶으로써 다른 사람을 그리스도에게 인도하기 위함입니다.

87문: 감사치도 않고 회개하지 않는 삶을 계속 살면서 하나님께로 돌이키지 않는 사람들도 구원을 얻을 수 있습니까?

답: 결코 구원을 받을 수 없습니다. 성경은 음란한 자, 우상숭배자, 간음하는 자, 도둑질하는 자, 탐욕을 부리는 자, 술 취하는 자, 욕하는 자, 강도질하는 자나 그와 같은 죄인들은 하나님 나라를 유업으로 받지 못한다고 말씀합니다.

소그룹을 위한 요약

바울은 자신의 복음을 변증합니다. 거짓 교사들은 "바울이 전한 복음이 다른 사도들의 견해와 다르다"고 주장합니다. 그래서 바울이 1장에서 "내가 전한 복음이 사람에게서 온 것이 아니라"고 했다면, 2장에서는 "내가 전한 복음이 다른 사도들의 복음과 완전히 똑같다"고 합니다.

바울은 이것을 입증하기 위해 자신이 예루살렘을 재방문한 일과 방문 결과에 대해 설명합니다. 먼저 바울이 예루살렘에 가서 한 일은 두 가지입니다. 첫째, 그동안 자신이 전한 복음을 그들에게 설명합니다. 특히 "유명한 자들"에게는 개인적으로 설명합니다. 둘째, 함께 동행한 디도에게 억지로 할례를 받지 않게 합니다.

방문 결과는 세 가지입니다. 첫째, '승인'입니다. 바울은 자신이 전한 복음을 사도들에게 승인을 받습니다. 둘째, '역할 분담'입니다. 베드로는 할례자들을 위한 사도로, 자신은 할례 받지 않은 자들을 위한 사도로 인정을 받습니다. 셋째, '동역자로 인정'을 받습니다. 당시 교회의 기둥처럼 여겨지던 베드로, 야고보, 요한이 바울에게 주신 하나님의 은혜를 인정하고, 친교의 악수를 나눕니다.

사도들이 바울에게 한 가지 부탁을 합니다. "가난한 자들을 기억해 달라"는 것입니다. 이처럼 바울은 자신이 전한 복음이 사도들이 전한 복음과 다르지 않음을 입증합니다. 기억할 것은, 복음도 하나고, 교회도 하나라는 사실입니다. 힘써야할 것은, 가난한 이웃을 돌아보는 것입니다.

소그룹을 위한 질문

1. 바울이 예루살렘에 올라갑니다. 왜 갔을까요? 누가 보낸 것일까요? 가서 무엇을 했습니까? 논쟁의 핵심은 무엇이며 그의 방문 결과는 어떠했는지 말해 봅시다.

2. 바울이 거짓 교사들에 대해 설명합니다(4절). 그들은 어떤 자들이고, 어떤 주장을 하였나요? 바울의 가르침과 그들의 가르침의 가장 큰 차이는 무엇입니까?

3. 디도를 본 사도들의 반응은 어떠했나요? 사도들이 바울에게 부탁한 것은 무엇입니까? 우리가 주의할 것과 기억할 것과 힘써야 할 것은 무엇입니까? 소그룹을 위한 요약을 읽고 말해 봅시다.

4. 복음의 직분

갈라디아서 2:11-16

성령의 열매

예수님을 믿는 순간 성령이 우리 안에 내주하십니다. 한번 내주하신 성령은 다시 떠나지 않으십니다. 구약 시대에 성령의 내주하심은 일시적이었습니다. 삼손에게 임한 성령이 떠났고(삿 16:20), 사울 왕에게 임한 성령이 떠났습니다(삼상 16:23; 18:12). 다윗은 범죄한 후 '성령을 거두지 말기'(시 51:11)를 간구했습니다.

신약 시대는 다릅니다. 한번 임하신 성령은 다시는 떠나지 않으십니다. 영원히 우리와 함께 하십니다(요 14:16). 성령이 누구실까요? 성령은 하나님의 영입니다. 그분은 권능이고, 능력이고, 생명입니다. 그렇기에 성령이 임하시면 성장하고 자라가는 일이 당연히 따라옵니다.

성령이 우리 안에 들어오시면 구체적으로 어떤 일이 벌어질까요? 역사를 일으킵니다. 그것이 갈라디아서 5장 22-23절에 나오는 성령의 열매입니다. "오직 성령의 열매는 사랑과 희락과 화평과 오래참음과 자비와 양선과 충선과 온유와 절제니…." 성령의 열매가 여러 가지로 나열된 것 같습니다. 하지만 성경은 이것을 "성령의 열매들은"이라고 하지 않습니다. "성령의 열매는"이라고 합니다.

성령의 열매가 아홉 가지인데 왜 "성령의 열매들"이라고 하지 않을까요? 성령의 열매는 아홉 가지이면서 한 가지이기 때문입니다. 성령의 열매가 단수인 것은 아홉 가지 열매가 모두 연결돼 있기 때문입니다. 한 가지 열매를 맺었다면, 나머지 여덟 가지 열매도 다 맺었다는 뜻입니다.

만약 어떤 사람이 사랑이라는 열매를 맺었다고 하면서 정작 오래참지 않는다면 어떨까요? 그건 사랑의 열매를 맺은 것이 아닙니다. 한 가지 열매를 맺었다면, 나머지 전부도 당연히 맺었어야 합니다. 이처럼 사랑과 희락이 연결돼 있고, 희락이 화평과 연결돼 있습니다. 사랑 없는 절제가 없고, 사랑한다고 하면서 인내하지 않는 것은 있을 수 없습니다.

이것이 '성령'의 열매인 것은 우리 힘으로는 맺을 수 없기 때문입니다. 그 열매는 성령이 맺게 하십니다.

무화과나무 열매

마태복음 21장을 보면, 저주 받은 무화과나무 비유가 나옵니다. 예수님이 예루살렘 성전에 올라가 성전을 뒤집어엎으신 후 성문 밖 베다니에서 밤을 지샙니다. 그리고 새벽에 다시 성 안으로 들어가십니다.

예수님은 배가 고프셨습니다. 마침 길 가에 무화과나무 한 그루가 보입니다. 뭘 좀 먹으려고 갔더니 잎사귀만 있고 열매는 없었습니다. 주님이 무화과나무를 저주하십니다. "이제부터 너는 영원히 열매를 맺지 못할 것이다." 그러자 무화과나무가 곧 말라버립니다.

제자들이 "무화과나무가 어떻게 그렇게 당장 말라버렸을까?" 하며 놀랍니다. 주님은 "너희가 믿고 의심하지 않으면, 이 무화과나무에 한 일을 너희도 할 수 있[다]"고 말씀하십니다. 단순히 나무를 말리는 정도가 아니라, "이 산더러 '들려서 바다에 빠져라' 하고 말해도 그렇게 될 것"(마 21:18-21, 새번역)이라고 하십니다.

무슨 얘기입니까? 믿음의 능력에 관한 얘기입니까? 아닙니다. 직분에 관한 얘기입니다. "너희가 믿음으로 직분을 감당하면 그 직분을 통해 엄청난 일을 이룰 수 있다"는 뜻입니다.

복음의 직분

성령의 아홉 가지 열매와 무화과나무 열매 이야기가 전하고자 하는 바는 서로 다를 수 있어도 우리는 거기서 일치하는 원리 하나를 발견할 수 있습니다. 성령의 열매와 무화과나무의 열매는 내가 아닌 타인을 위한 것이란 사실입니다.

내 안에 성령의 열매가 아무리 풍성하다 해도 그것은 내가 아니라 다른 사람을 위한 것입니다. 무화과나무가 아무리 무성해도 열매를 맺지 못하면 아무 유익이 없는 것처럼 말입니다.

교회는 잎이 무성한 나무와도 같습니다. 교회 안에는 좋은 시설, 도구, 일꾼들이 잘 갖춰져 있습니다. 핵심은 교회가 그 일꾼, 즉 직분자를 통하여 얼마나 건강한 교회로 자라가는가에 있습니다. 그중에서도 교회 안에 있는 소외되고 가난한 자들을 얼마나 잘 돌보는가 하는 것이 중요합니다. 이것이 나무의 열매를 평가하는 핵심 척도 중 하나입니다.

배가 고프신 주님이 잎이 무성한 나무를 살펴보신 것처럼, 주님은 오늘날도 열매를 위해 교회를 살펴보십니다. 그러면 주님이 어떤 식으로 교회를 살피실까요? 교회 안팎에 있는 '궁핍한 자들의 눈'을 통하여 그렇게 하십니다. 마태복음 25장의 말씀이 이렇게 연결됩니다.

"내가 주릴 때에 너희가 먹을 것을 주었고 목마를 때에 마시게 하였고 나그네 되었을 때에 영접하였고 헐벗었을 때에 옷을 입혔고 병들었을 때에 돌보았고 옥에 갇혔을 때에 와서 보았느니라."

"주여 우리가 어느 때에… [그렇게] 하였나이까?"

"여기 내 형제 중 지극히 작은 자 하나에게 한 것이 곧 내게 한 것이니라"(마 25:34-40).

이렇게 사역하는 직분자는 두 가지 복을 가져다 줍니다.

첫째, 궁핍한 자들이 도움을 받고 둘째, 교회는 하나님께 칭찬을 받습니다.

그런데 유감스럽게도 갈라디아서 2장에 등장하는 베드로는 복음을 맡은 자로서 자신의 직분을 제대로 감당하지 못했습니다. 그 이유가 무엇일까요?

베드로의 위선

베드로가 안디옥 교회를 방문했다가 큰 실수를 저지릅니다. 바울은 베드로의 잘못을 '위선'이라고 지적합니다. 그의 위선이 안디옥 교회를 위기에 빠뜨렸기 때문입니다.

안디옥 교회는 이방인들로 구성된 교회입니다. 그들이 얼마나 열심히 믿었는지 "그리스도인"이란 별명까지 얻었습니다. 그들은 예수님 밖에 모르는 사람들입니다.

초대 교회 성도들에게 있어 믿음은, 특정 교리에 대한 이해나 동의가 아니었습니다. 그들에게 있어 믿음은, "예수님은 주"라는 원초적 신앙고백이었습니다. 그들에게 있어 믿음은, "예수님이 주냐, 카이사르가 주냐?" 하는 결단의 문제였습니다.

초대 교회 성도들이 순교한 이유는, "누가 주냐?"는 물음에 "예수님이 주"라고 대답했기 때문입니다. 목숨을 건 심각한 결단이었습니다.

안디옥 교회 신자들은 그렇게 "그리스도인"이 되었습니다. 그 교회의 분위기가 어땠을지 상상해 보십시오. 베드로가 그곳에 갑니다. 그들을 만날 생각에 얼마나 흥분돼 있을까요?

베드로는 그들과 교제하며 신앙의 큰 도전을 받았을 것입니다. 그것은 안디옥 교회 신자들도 마찬가지입니다. 그들에게 베드로는 슈퍼스타입니다. 그들 앞에 예수님의 수제자가 나타났습니다. 그가 들려주는 예수님 이야기는 얼마나 생동감이 있었을까요? 그들이 예수님 이야기를 들으며 얼마나 큰 은혜와 도전을 받았을까요? 그의 방문으로 안디옥 교회는 큰 힘을 얻었을 것입니다.

하지만 그때 교회 안에 예상치 못한 문제가 발생합니다. 슈퍼스타 베드로의 방문이 오히려 교회에 엄청난 혼란을 가져옵니다. 도대체 무슨 일이 있던 걸까요? 죽음이 두려워 예수님을 세 번이나 부인하고 도망쳤던 베드로가 이번에는 할례받은 사람들이 두려워 이방인들과 함께 식사하던 자리에서 도망친 것입니다.

야고보에게서 온 어떤 이들이 이르기 전에 게바가 이방인과 함께 먹다가 그들이 오매 그가 할례자들을 두려워하여 떠나 물러가매(갈 2:12).

베드로가 안디옥 교회 신자들과 식사를 하고 있었습니다. 그때 갑자기 전갈이 옵니다. "야고보에게서 어떤 이들이 오고 있다"는 것입니다.

야고보는 예수님의 동생입니다. 예루살렘 교회의 수장이기도 했습니다. 그의 밑으로 예루살렘 교회에 소속된 바리새파 사람들이 있었습니다. 그들은 이방인이 예수님을 믿더라도, 유대인과 마찬가지로 율법을 지키고 할례를 받아야 한다고 주장했습니다.

베드로가 그들을 두려워합니다. 이유가 뭘까요? 그들에게 잘못 보여서 좋을 게 없다고 생각한 것입니다. 이것은 교리 문제도, 신학 문제도 아닙니다. 나중에 예루살렘에 돌아갔을 때, 소문으로 시끄러울 것이 두렵고 혹시 손가락질을 받을까 염려했던 것입니다.

이것이 바로 앞에서 말한 잎사귀만 무성한 나무의 모습이 아닐까요? 누구보다 유명하고 영향력 있는 예루살렘 교회의 사도 베드로가 자신의 직분을 감당하지 못했습니다. 성령의 열매는 드러나지 않고, 위선의 열매만 가득합니다.

남은 유대인들도 그와 같이 외식하므로 바나바도 그들의 외식에 유혹되었느니라(2:13).

이것이 베드로가 맺은 열매입니다. 베드로의 행동을 보고 다른 유대인들이 따라하고, 바나바까지 따라합니다. 교회는 아무런 유익을 얻지 못하고 도리어 분란이 일어납니다. 직분자 한 사람의 행동이 얼마나 큰 파급효과를 가져오는지 여실히 보여줍니다.

바울은 그런 베드로를 책망합니다. 개인적으로 하지 않고 공개적으로 책망합니다.

> 게바가 안디옥에 이르렀을 때에 책망 받을 일이 있기로 내가 그를 대면하여 책망하였노라(갈 2:11).

바울의 책망

> 당신은 유대 사람인데도 유대 사람처럼 살지 않고 이방 사람처럼 살면서, 어찌하여 이방 사람더러 유대 사람이 되라고 강요합니까(갈 2:14, 새번역).

"왜 이런 위선적인 행동을 하느냐"는 말입니다. "당신은 유대인으로 이방인들과 함께 음식을 먹으며 자유롭게 살면서, 왜 이방인에게는 유대인처럼 율법의 속박 아래 살게 하려고 하느냐"는 책망입니다. "이방인들에게 할례라도 받게 하려는 것이냐"며 그를 추궁합니다.

고신 교단에서 자란 사람들은 대개, 주일에는 공부하면 안되고 돈을 써도 안 된다고 배웠습니다. 그래서 시험기간이면 주일 자정이 지나서야 공부를 시작했습니다. 그것이 우리의 신앙 정신이고 주님을 사랑하는 방식이었습니다.

저는 그 정신이 좋습니다. 저는 우리 교단의 신앙 선배들이 물려준 신앙 정신을 매우 소중하게 생각합니다. 우리가 그렇게 살지 못해도, 어떻게 살아야 하는지 알려주기 때문입니다.

우리 부모님은 주일에 돈을 쓰지 않으셨습니다. 헌금은 항상 토요일에 준비하셨고, 구겨진 돈은 다리미로 빳빳하게 다린 후에 드리셨습니다. 주일학교 시절 선생님이 얼마나 헌금에 대해 강조했던지, 미리 준비하지 않으면 지옥에 떨어질 것처럼 생각한 적도 있었습니다. 지금도 교회 어른 중에는 주일을 그렇게 지키는 분들이 계십니다. 그렇게 하면서 주님을 섬기고 예배가 예배되게 하려는 것입니다.

좋은 일입니다. 하지만 이것이 종교적 관록이 되어선 안 됩니다. 주일은 돈 안 쓰고 공부 안 하는 날이 아니라, 일주일 중 하루를 쉬면서 주님 안에서 안식을 누리고, 하나님의 백성들이 한 자리에 모여 감사의 예배를 드리는 날입니다. 그렇게 모여서 예배하는 사람들이, 다른 사람이 주일에 돈을 쓰는 걸 보면서, "저 사람은 주일성수도 안 하는군", "참나, 주일에 외식을 해? 저 사람은 직분자 자격이 없는 사람이야." 이렇게 비난한다면, 그건 2천 년 전 베드로가 저지른 실수를 또 다시 반복하는 것입니다.

주일에 돈 쓰는 게 잘못됐다고 말하는 게 잘못이라는 말이 아닙니다. 남의 눈 속에 있는 티는 보면서 자기 눈 속에 있는 들보는 보지 못하는 우리의 위선을 지적하는 것입니다.

복음의 핵심: 칭의

바울은 사람이 의롭게 되는 것이 결코 율법의 행위에 있지 않고 오직 예수 그리스도를 믿음으로 말미암는다고 결론을 내립니다.

사람이 의롭게 되는 것은 율법의 행위로 말미암음이 아니요 오직 예수 그리스도를 믿음으로 말미암는 줄 알므로 우리도 그리스도 예수를 믿나니 이는 우리가 율법의 행위로써가 아니고 그리스도를 믿음으로써 의롭다 함을 얻으려 함이라. 율법의 행위로써는 의롭다 함을 얻을 육체가 없느니라"(갈 2:16).

사람이 의롭게 되는 방법이 무엇이라고요? 율법의 행위로가 아니라 예수 그리스도를 믿는 '믿음으로'입니다.

여기서 바울이 '의롭게 되는 것'을 말할 때 반복적으로 수동태를 사용하고 있음을 주목해야 합니다. 우리는 의롭게 '될' 뿐입니다. 우리가 '의롭게 되는 것'에서 주인공 역을 맡은 능동적 행위자는 하나님입니다. 오직 하나님만이 문제를 바로잡을 능력이 있습니다. 인간은 율법의 행위로 의롭다 함을 받을 수 없기 때문입니다.[35]

칭의란, 하나님께서 어차피 선한 일에 실패한 '경건치 않은' 죄인들을 용서하고 의롭게 '여겨 주는'(롬 3:25, 4:5-8) 것입니다. '칭의'는 법적인 용어입니다. '선고'와 관련이 있습니다. 재판장이 피고를 향해 "너는 무죄다"라고 선언하는 판결이 '칭의'입니다. 이것과 반대되는 말이 '정죄'입니다. 여기서 중요한 것은 '의롭다'가 아니라, 의롭다고 '선언'해 주는 것입니다. 내가 믿음생활을 잘하면 의로워지는 것이 아니라, 내가 예수님과 연합되었기에, 예수님이 행하신 모든 일이 내가 행한 일이 되기에, 하나님이 그런 나를 '의롭다'고 칭해 주시는 것이 '칭의'입니다. 바울의 표현을 빌리면, "하나님이 경건치 아니한 자를 의롭다" 하시는 것입니다(롬 4:5). 다시 말해, "악한 자를 의롭다"고 선언해 주시는 것입니다.

이렇게 하면 누구에게 좋을까요? 재판장일까요, 악한 자일까요? 악한 자입니다. 그러면 재판장은 어떻게 됩니까? 그렇게 판결하는 순간 불의한 자가 됩니다. 그런데 하나님이 이렇게 하신다면 하나님도 불의하신 분이 됩니다. 그래서 하나님이 우리를 의롭다 하시려면, 하나님 자신은 불의한 자가 되실 수밖에 없습니다. 하지만 하나님이 그렇게 될 수는 없지 않습니까? 그래서 하나님이 불의한 자가 되지 않으면서 죄인인 우리를 의롭다 하시는 방법이 필요했습니다.

그 방법이 십자가입니다. 예수님이 우리 대신 형벌을 받음으로 하나님이 우리를 향해 마음껏 "의롭다" 선언할 수 있게 된 것입니다. 하나님이 우리를 의롭게 만든 게 아니라 "의롭다"고 선언해 주신 것, 그것이 '칭의'이고 복음의 핵심입니다.

사랑의 복음

하나님이 왜 이렇게 하셨을까요? 한 가지 물어봅시다. 여러분은 아내를 사랑하나요? 왜 사랑하나요?

어느 수업 시간에 교수님이 학생에게 묻습니다.

"자네는 아내를 사랑하나?", "네 그렇습니다." 학생이 대답합니다.

"왜 사랑하나?" 교수가 재차 묻습니다.

그 학생이 "아내를 사랑하기 때문에…"라며 얼버무립니다. 그러자 교수님이 "정답"이라고 합니다.

어떤 사람은 "아내가 요리를 잘해서", "예뻐서", "착해서" 이렇게 대답합니다. 하지만 이 말은 "능력이 없으면 차버리겠다"는 말입니다. "늙으면 버리겠다"는 말입니다. "성격이 변하면 나도 변하겠다"는 말입니다.

"사랑하니까 사랑한다." 이게 정답입니다.

여러분은 예수님을 왜 사랑하나요? "나에게 잘해 주셔서서", "나를 구원해 주셔서", 또는 "항상 도와주시니까." 이런 대답이 나오겠지요. 그러면 예수님이 이렇게 물어보실 겁니다. "그냥 사랑해 줄 수는 없겠니?", "이용 가치가 있으니까 사랑하는 것 말고, 그냥 사랑하면 안 되겠니?", "사업이 잘 될 때뿐 아니라, 어려울 때도 나를 사랑하면 안 되겠니?"

주님은 우리를 왜 사랑하실까요? 사랑에는 이유가 없습니다. "사랑하니까 사랑하신다." 이 말씀이 갈라디아서 2장 16절의 요약입니다. "사람이 의롭게 되는 것은 율법의 행위로써가 아니라, 오직 예수 그리스도를 믿음으로 말미암아." 다시 말해, 주님이 우리를 "사랑하시니까 사랑해 주신 그 사랑으로 말미암아" 의롭게 된다는 것입니다.

칭의 교리의 중요성

톰 라이트를 중심으로 한 '새관점 학파'가 기존의 칭의론을 반박합니다. 논점은 구원의 속성이 단회적인지, 점진적인지의 여부입니다. 그들은 "칭의론과 윤리는 하나의 통합체로서 분리될 수 없다"고 주장합니다. 우리의 주장과 달리 "칭의는 믿는 순간 완성되는 게 아니라 최후 심판 때 완성된다"고 합니다. 얼핏 들으면 맞는 말 같지만, 이 말을 풀어보면 "예수님을 믿어도 지옥에 갈 수 있다", "진짜 구원받은 사람도 진짜 버림받을 수 있다"는 주장이나 마찬가지입니다.

이런 주장은 새로운 것이 아닙니다. 이미 아르미니우스나 로마 가톨릭에서 주장했던 구원론과 일맥상통합니다. 그런데 왜 이제 와서 이런 칭의론이 신학계를 뒤흔드는 걸까요? 예전 같으면 "이단은 돌고 돈다더니 또 이상한 사람 하나가 나타났군" 하고 무시하며 지나갈 텐데, 왜 지금은 많은 사람들이 톰 라이트의 주장에 동조하며 호의적으로 반응하는 것일까요? 그게 다 최근에 일어나는 한국 교회의 '도덕적 실패' 때문입니다. 한국 교회 전체가 누구라고 할 것 없이 도덕적으로 실패하니까 "네가 구원받은 것이 확실치 않으니, 죄 짓지 말고 살라"는 말이 먹혀든 것입니다. 그러나 구원은 죄 짓지 않아서 받는 게 아닙니다. 예수님을 믿음으로 구원을 받는 것입니다. 이것을 분명히 해야 합니다.

이단들의 주요 공격 무기가 "네가 죄가 있는데 어떻게 구원을 받느냐?"는 것입니다. 백이면 백 이 말에 다 넘어갑니다. 논리적으로 생각하면 맞는 말입니다. 어떻게 죄인이 구원을 받나요? 어떻게 죄인이 하나님의 백성이 되나요? 그건 말이 안 됩니다.

하지만 이것은 성경이 말하는 구원의 원리를 몰라서 하는 말입니다. 출애굽기에서 모세가 하나님의 명령을 받고, '하나님의 백성'을 이끌어내기 위해 애굽으로 갑니다. 모세가 바로와 대면해 아홉 번의 협상을 벌입니다. "이스라엘을 풀어줘라." "절대 그럴 수 없다." 이 싸움을 6개월 간 지속합니다. 협상은 결렬되고 말았습니다. 바로가 모세에게 한번만 더 찾아오면 그때는 죽이겠다고 합니다. 그러자 하나님이 마지막 재앙을 내리십니다. 이 재앙은 애굽뿐 아니라 이스라엘에도 내리는 재앙입니다. 하나님이 이스라엘 "각 가족대로 그 식구를 위하여 어린 양을 취하라"(출 12:3)고 하십니다. 해질 때 잡은 양의 피를 집 좌우 문설주와 인방에 바르게 하십니다. 그날 밤, 집집마다 큰아들이 죽든지, 어린 양이 죽든지 안 죽은 집이 하나도 없습니다. 둘 중에 하나는 죽어야 넘어가는 재앙이었습니다. 어린 양의 피라는 대속물 아래 숨지 않은 집은 큰 아들이 죽었습니다. 하지만 대속물의 '피' 아래 숨은 집은 '죽음이 넘어가' 구원을 받았습니다. 이것이 '대속'의 은혜, '대신'의 은혜입니다.

구원론의 핵심은 "죄인이 구원 받는다"가 아닙니다. "믿음이 구원한다"입니다. "나는 죄인이라 구원 받을 자격이 없지만, 우리 주님이 자격 없는 자를 구원하신다"는 게 핵심입니다. 이것이 복음입니다. 강조할 점은 "내가 구원 받기 위해 무엇을 했다"가 아니라, "주님이 구원하시기 위해 무엇을 하셨다"입니다. 그것이 강조되면 우리의 구원론도 분명해집니다.

교회는 잎이 무성한 나무입니다. 교회는 직분자를 통해, 그 안에 있는 소외되고 가난한 자를 얼마나 잘 돌아보았느냐에 따라 열매로 평가 받습니다.

하지만 유감스럽게도 베드로는 그 직분을 잘 감당하지 못했습니다. 그는 복음의 진리를 따라 바르게 행하지 않았습니다. 이방인을 차별하는 그의 행동은 '복음의 진리'에 반하는 행동이었습니다.

베드로가 이처럼 실수한 것은 그가 율법의 행위를 따르고, 믿음을 따르지 않았기 때문입니다. 복음이 주는 자유를 잊고, 종교적 관록이나 율법적 행위를 먼저 떠올렸기 때문입니다.

복음을 맡은 직분자로서 우리가 해야 할 것은 이신칭의 교리를 굳게 붙드는 것입니다. 이것은 우리에게 확신과 평안을 줄 뿐 아니라, 우리가 섬기는 교회를 하나 되게 할 것입니다. 우리 안에 깊이 박힌 자기 자랑의 뿌리를 뽑고 다시 하나님의 은혜로 나아가야 합니다.

다음 글을 읽어봅시다.

★★ 하이델베르크 요리문답

60문: 당신은 어떻게 하나님 앞에서 의롭게 됩니까?

답: 오직 예수 그리스도에 대한 참된 믿음으로만 됩니다. 비록 내가 하나님의 모든 계명을 크게 어겼고 단 하나도 지키지 않았으며 여전히 모든 악으로 향하는 성향이 있다고 나의 양심이 고소하지만, 하나님께서는 나의 공로가 전혀 없이 순전히 은혜로 그리스도의 온전히 만족케 하심과 의로움과 거룩함을 선물로 주십니다. 하나님께서는 마치 나에게 죄가 전혀 없고 또한 내가 죄를 짓지 않은 것처럼, 실로 그리스도 께서 나를 위해 이루신 모든 순종을 내가 직접 이룬 것처럼 여겨 주십니다. 오직 믿는 마음으로만 나는 이 선물을 받습니다.

> 61문: 당신은 왜 오직 믿음으로만 의롭게 된다고 말합니까?
>
> 답: 나의 믿음에 어떤 가치가 있어서 하나님께서 나를 받으실 만한 것은 아니며, 오직 그리스도의 만족케 하심과 의로움과 거룩함만이 하나님 앞에서 나의 의가 됩니다. 오직 믿음으로만 이 의를 받아들여 나의 것으로 삼을 수 있습니다.

소그룹을 위한 요약

베드로가 안디옥 교회를 방문합니다. 거기서 이방인인 안디옥 신자들과 식사를 합니다. 그러다 예루살렘에서 야고보가 보낸 사람 몇이 온다는 소식을 듣습니다. 베드로가 돌연 자리를 피합니다.

바울이 그런 베드로를 책망합니다. "네가 위선을 행했다"는 것입니다. 야고보는 예수님의 동생입니다. 그는 예루살렘 교회의 수장입니다. 그의 영향력은 막강했습니다. 그를 따르는 사람들은 예수님을 믿되 율법도 지키고 할례도 받아야 한다고 했습니다.

이것은 이미 바울이 예루살렘을 재방문했을 때 정리된 내용입니다. 베드로도 고넬료의 집에서 세례를 베풀어 이방인에게도 구원이 임했음을 알았습니다. 하지만 야고보에게서 온 사람들에 의해 비난을 당할까 두려워 자리를 피했던 것입니다.

위선입니다. 외식입니다. 베드로도 복음 안에서 유대인과 이방인이 똑같음을 믿었습니다. 하지만 '두려움'이 문제였습니다. 자신이 비난받을 게 두려워 식사 자리에서 자리를 피하고 말았습니다.

바울이 뼈아픈 얘기를 합니다. 우리가 의롭게 된 것은 율법의 행위로 말미암은 것이 아니라 하나님의 선언 때문이라는 것입니다. 그러니 베드로의 행동은 이방 신자들에게 오해를 살 만한 처신이었고 명백한 잘못이었습니다. 진리의 문제에서만큼은 조금도 양보할 수 없다는 바울의 선언입니다.

소그룹을 위한 질문

1. 베드로가 안디옥을 방문합니다. 이방인 신자들과 식사를 하던 중 예루살렘에서 야고보의 사람들이 오고 있다는 소식을 듣고 황급히 자리를 피합니다. 베드로의 잘못은 무엇입니까?

2. 바울은 베드로를 책망합니다. 이방인을 차별한 그의 행

동이 복음의 진리에 반한다는 이유였습니다. 16절을 보면서 바울이 설명한 칭의 교리가 무엇인지 말해 봅시다.

3. 칭의 교리가 왜 중요할까요? 칭의의 근거는 무엇이고 칭의의 결과는 무엇입니까? 만약 우리가 이 교리를 버린다면 우리에게 닥칠 결과가 어떠할지 말해 봅시다.

5. 복음의 증인

갈라디아서 3:1-5

에베소서 2장 8-9절은 구원의 공식을 담고 있습니다.

너희는 그 은혜에 의하여 믿음으로 말미암아 구원을 받았으니
이것은 너희에게서 난 것이 아니요 하나님의 선물이라. 행위에
서 난 것이 아니니 이는 누구든지 자랑하지 못하게 함이라.

이 말씀을 단순화시키면 다음과 같습니다.

은혜 + 믿음 | − 행위 | = 구원 | + 행위 |

구원은 하나님의 은혜에 의하여(+) 믿음으로 말미암아 받습니다. 우리의 행위에서 난 것이 아니며(-) 이는 누구든지 자랑하지 못하게 하기 위함입니다. 행위는 율법 시대에는 구원을 얻기 위한 자리에 있었다면(-), 이제는 구원을 받고 난 뒤로 자리를 옮겨(+), 구원을 받은 자가 어떻게 살아야 하는지를 부각시킵니다.

구원은 철저히 하나님의 은혜이며 하나님이 이루신 일입니다. 믿음은 그리스도의 십자가와 부활이 하나님께서 이루신 구원의 사건임을 인정하고 받아들이는 것입니다. 믿음조차 우리의 공로가 될 수 없습니다. 그래서 "이것(구원)은 너희에게서 난 것이 아니라 하나님의 선물"이라고 말하는 겁니다.[36]

구원에 있어 행함의 역할

그러면 구원에 있어 행함은 아무 작용도 할 수 없나요? 그렇습니다. 적어도 구원에 있어서 만큼은 그렇습니다. 만일 구원에서 행함이 필요하다면, 그것은 주님의 행함뿐입니다. 주님의 십자가 대속만이 구원의 행위에 속할 뿐 우리의 행위는 소용이 없습니다.

그러면 믿음만 있다면 더 이상 우리의 행함은 필요없나요?

그렇지 않습니다. 성경은 믿음이 없는 행함과 행함이 없는 믿음을 모두 거부합니다(롬 4:1-4; 약 2:14-26). 아우구스티누스는 "하나님을 제대로 믿지 않으면 악하게 산다"[37]고 했습니다.

우리가 종종 오해하는 말씀이 있습니다. "사람이 마음으로 믿어 의에 이르고 입으로 시인하여 구원에 이르느니라"(롬 10:10). 이것을 잘못 해석한 것이 '산데마니즘'(sandemanism)입니다. 교회 역사 안에 '산데만'이란 사람이 있었습니다. 그는 '지적'으로 동의하고 '입술'로 고백하는 것만이 믿음의 전부라고 보았습니다. 그가 예로 드는 사람이 예수님이 십자가에 달리셨을 때 함께 달렸던 강도입니다. "그 강도는 입술의 '고백' 하나로 구원을 받았다"는 것입니다. 그렇지 않습니다. 박영돈 교수는 "무시당하는 강도의 신앙"이란 글에서 이런 주장을 반박합니다.

예수님 옆에서 십자가에 못 박힌 강도의 신앙이 평가 절하되는 경우가 많습니다. 평생 죄 속에 살다가 죽기 직전에야 예수님을 믿고 가까스로 구원받은 신자의 본보기로 제시되곤 합니다. 하지만 예수님 옆에 달린 행악자는 삶의 마지막에 다다를 때까지 은혜의 기회를 줄곧 거부하다가 믿은 게 아니라 처음으로 주어진 은혜의 기회를 붙잡고 믿은 것임을 기억해야 합니다. 최악의 믿음이 아니라 최선의 믿음이라고 할 수 있습니다. 그의 믿음은 부족한 점이 많지만 여러 면에서 참된 신앙의 본이 됩니다.[38]

박영돈 교수는 강도가 보여준 믿음의 참된 모습을 두 가지로 이야기합니다. 첫째, 이렇게 낮아지고 비참해진 주님을 메시아로 믿는다는 건 놀라운 신앙입니다. 둘째, 옆에서 비방하는 강도를 꾸짖으며 예수님의 의로우심을 증거하는 것도 놀라운 신앙입니다.

이 말은 그 강도가 단순히 "믿겠다"는 입술의 '고백' 하나로 낙원에 들어간 게 아니라는 말입니다. 그는 믿음의 고백을 하기까지 자신이 죄인임을 알고, 십자가의 은혜를 체험하고, 주님을 비방하는 자에게 주님 편에 서서 증거할 만한 '믿음'이 있었기에 구원을 받았다는 것입니다.

야고보는 이것을 가리켜 "믿음이 그의 행함과 함께 일하고 행함으로 믿음이 온전하게 되었느니라"(약 2:22)고 말합니다.

믿음은 그저 입술로 고백만 하는 게 아닙니다. 내가 죄인이란 사실을 통절히 깨닫고, 나의 죄를 주님이 대속하셨음을 감사함으로 인정하며, 주님을 사랑할 뿐 아니라 나의 구주가 되신다고 고백하기까지 숱한 과정이 내재해 있어야 합니다. 그런데 그건 싹 빼버린 채 "그저 믿는다고 고백만 하면 된다"는 것은, "결혼은 그저 사랑한다고 고백만 하면 된다"는 말과 다름 없습니다.

구원은 믿음으로 받습니다. 하지만 그 믿음은 자연스럽게 치열함을 동반합니다. 그래서 우리는 믿음을 고백하고 그냥 아무일 없었던 듯이 사는 게 아니라, 믿음을 고백하고 그 믿음으로 살게 됩니다.

어떻게 믿음으로 산다는 말일까요? 끊임없이 나 자신을 그리스도께 복종시키며 살게 됩니다. 그것이 믿음의 증거이고 믿음 있는 사람에게서 나타나는 자연스런 모습입니다.

바울은 우리에게 "언제든 행함은 필요없다"고 말하지 않습니다. 구원에 있어서 만큼은 율법에 따른 행위가 필요없다고 말할 뿐입니다. 우리의 구원에 행위가 필요하다는 식의 믿음은 거짓이고, 자신이 예루살렘 교회를 14년 만에 다시 방문했을 때 허물어버린 이론이라는 것입니다. 그럼에도 갈라디아 신자들은 거짓 교사들의 가르침을 따라 복음을 버리고 율법의 행위로 역행하고 있습니다. 그래서 바울이 묻습니다.

행위인가 믿음인가

예수 그리스도께서 십자가에 못 박히신 것이 너희 눈 앞에 밝히 보이거늘 누가 너희를 꾀더냐(갈 3:1).

"너희 눈 앞에 밝히 보이거늘." 이것은 현재진행형입니다. 지금도 주님의 십자가 사건이 우리 앞에 생생하다는 것입니다. 예수님의 십자가 죽음은 당시에 아직 30년도 안 된 사건입니다. 그 사건을 목격한 증인들이 여전히 살아 있습니다. 바울도 그 사건의 증인이고 갈라디아 신자들도 다 알고 있는 내용입니다. 이들 모두가 복음의 증인입니다. 그렇게 모든 것이 생생한데, 누가 그들더러 "구원을 받으려면 율법의 행위를 지켜야 한다"고 꾀더냐는 안타까움의 표현입니다. 그렇게 거짓에 넘어가 율법의 행위를 따르려는 갈라디아 신자들을 향한 바울의 책망이 담겨 있습니다.

내가 너희에게서 다만 이것을 알려 하노니 너희가 성령을 받은 것이 율법의 행위로냐 혹은 듣고 믿음으로냐(갈 3:2).

그들은 또 어떻게 성령을 받았을까요? 예수님이 승천하신 후 120명의 신자가 오순절에 마가 요한의 다락방에 모여 기도합니다. 그때 갑자기 하늘에서 세찬 바람 같은 소리와 함께 불의 혀처럼 갈라지는 것들이 나타나더니 각 사람 위에 임합니다. 그러자 그들 모두가 성령의 충만함을 받고 성령이 말하게 하심을 따라 다른 언어들로 말하기 시작합니다(행 2:1-4).

당시에 천하 각국으로부터 와서 예루살렘에 머물던 많은 유대인들이 예수님의 제자들이 난 곳 방언으로 말하는 것을 듣습니다. 모두가 놀라며 당황하고 있을 때 베드로가 열한 사도와 함께 서서 소리를 높여 말하기 시작합니다. 그리고 그날 그 자리에 있던 3000명이 베드로의 설교를 듣고 믿음을 갖게 되었을 뿐 아니라 세례와 죄 사함을 받고 성령을 선물로 받습니다(행 2:38-41).

이방인인 고넬료는 어떻게 성령을 받았을까요? 사랑으로 자선을 베풀다가 성령을 받은 것이 아닙니다. 베드로가 입을 열어 말하고 있을 때 그 말씀을 듣다가 성령을 받았습니다. 이 날의 사건 때문에 그 자리에 함께 있던 할례 받은 신자들은 할례를 받지 않은(율법을 지키지 않는) 이방인들에게도 성령이 임하시는 것을 보고 몹시 놀랄 정도였습니다(행 10:44-45).

바울의 요점은 분명합니다. "너희가 성령을 받은 것이 율법의 행위로가 결코 아니며 복음을 듣고 믿음으로다"라는 것입니다. 바울의 이 말이 율법주의자들을 꼼짝 못하게 합니다.

구성원 대부분이 이방인인 갈라디아 신자들은 율법을 가진 적도 없고 배운 적도 없습니다. 그렇다면 이 질문에 대한 대답은 너무도 분명합니다. 그들이 성령을 받은 것 역시, 그들이 구원받은 것과 마찬가지로, 복음을 듣고 믿음으로 가능했습니다. 율법을 지키는 것은 구원과 아무 관련이 없습니다. 그들 모두가 이 사실의 증인입니다.

그런데도 율법주의자들은 구원을 얻기 위해 "이것을 하라"고 합니다. "이것을 해서 의로워지라"고 강요합니다. 하지만 성경은 "주님이 다 하셨다"고 합니다. "그러니 믿음으로 의롭다 함을 받으라"고 말합니다.

우리의 구원을 위해 무엇을 선택해야 할까요? 행위입니까, 믿음입니까? 우리가 성령을 받은 것도, 의롭다 함을 받은 것도, 구원을 받은 것도 전부 '믿음으로'입니다. 이 점에서 우리 모두가 복음의 참된 증인이 되어야 합니다.

믿음은 믿어지는 것

어느 집에 심방을 갔습니다. 아내가 남편을 소개하며 이렇게 말합니다. "이 사람이 교회는 오래 다녔지만, 믿은 지는 얼마

안 돼요." 그동안 교회 안의 불신자로 살았다는 말입니다. 믿음은 어떻게 생길까요? 그레샴 메이첸이 이렇게 말합니다.

믿음은 그리스도의 손에서 선물을 받는 것이다. 믿음은 대단히 경이로운 것이다. 믿음은 인간의 전체 본질과 성품이 변화되는 것과 연관되어 있다. 그리고 죄를 새롭게 미워하게 되고 의로움을 새롭게 갈망하며 목말라하게 되는 것과 연관되어 있다. 그런 경이로운 변화는 인간의 행위가 아니다. 성령님이 믿음 자체를 우리에게 주신다. 그리스도인들은 결코 스스로 그리스도인이 될 수 없다. 그들을 그리스도인이 되게 하시는 분은 바로 하나님이시다.[39]

믿음은 '믿어지는 것'입니다. 능동형이 아닙니다. 수동형입니다. 하나님이 믿어지게 하셔야 우리가 믿을 수 있습니다. 그 증거가 전도입니다. 전도를 해서 내가 어떤 사람을 믿게 할 수 있나요? 그럴 가능성은 단 1퍼센트도 없습니다. 그를 믿게 하는 건 하나님입니다. 나는 그저 복음을 전할 뿐입니다.

구약의 선지자들을 보십시오. 그들은 하나님의 말씀을 전하기 위해 부름을 받았습니다. 말씀을 전하는 게 쉽지가 않습니다. 말씀만 전하면 사람들이 죽이려 듭니다. 히브리서 11

장을 보면, 돌로 쳐서 죽이고, 톱으로 켜서 죽이고, 칼로 베어 죽였다고 합니다(히 11:37).

하나님이 예레미야 선지자에게 말씀하셨습니다. 이스라엘 백성에게 가서 "바벨론에게 항복하라"는 말을 전하라는 겁니다. 결혼도 하지 말고, 잔치집도 가지 말고, 상가집도 가지 말라고 합니다. 목에 줄과 멍에를 메고 다니라고 합니다. 그 말을 전한 대가로 예레미야는 수없이 매를 맞고 온갖 조롱과 핍박을 당합니다. 물 없는 구덩이에 던져지기도 하고 감옥에 갇히기도 합니다. 얼마나 괴로웠는지 "내 고초와 재난 곧 쑥과 담즙을 기억하소서"(애 3:19)라고 기도할 정도였습니다. 그렇게 40년을 전했지만 그의 말을 한 사람도 듣지 않습니다. 그런데도 하나님은 "가서 전하라"고 합니다. "네가 전하지 않아서 그들이 말씀을 듣지 못해 멸망의 길로 간다면, 그 핏값을 네게 묻겠다"고 하십니다.

그래서 가서 전합니다. 요나처럼 억지로 전합니다. 그때 하나님이 "왜 억지로 하느냐? 그래서 그들이 믿겠느냐?"고 책망하신 적이 있나요? 없습니다. "네 언변으로 그들의 심령을 바꿔놓으라"고 하지 않으십니다. "그 영혼을 변화시킬 책임이 너에게 있다"고 하지 않으십니다.

하나님은 한번도 그런 요구를 하지 않으십니다. 오히려 "내가 한 걸 왜 네가 했다고 하느냐?"며 책망은 하셔도, "왜 너는 사람 하나 바꿔 놓지 못하느냐?"고 하지는 않으십니다.

이것이 무엇을 말해 주나요? 사람에게 믿음을 갖게 하거나, 사람의 마음을 바꾸는 건 전적으로 하나님 소관이라는 뜻입니다. 그것은 성령이 하시는 일입니다. 그게 갈라디아서 3장 3절의 핵심입니다. "너희가 이같이 어리석으냐? 성령으로 시작하였다가 이제는 육체로 마치겠느냐?"

그래선 안 된다는 것입니다. 성령으로 시작했으면 성령으로 끝내야 합니다. 믿음으로 시작했으면 믿음으로 끝내야 합니다. 이 공식을 깨뜨려서는 안 됩니다.

바울이 갈라디아 신자들에게 기본적인 공식에 대해 묻습니다. "우리가 어떻게 성령을 받았는가?", "우리가 어떻게 의로워지는가?", "우리가 구원 받는 방법은 무엇인가?"

그걸 한 마디로 말합니다. 믿음으로 됩니다. 그것은 하나님이 하시는 일입니다.

하나님이 하셨습니다

너희에게 성령을 주시고 너희 가운데서 능력을 행하시는 이의 일이 율법의 행위에서냐 혹은 듣고 믿음에서냐(갈 3:5).

무엇 때문입니까? 하나님이 우리에게 성령을 주시고, 날마다 기적을 베푸시는 이유가 무엇입니까? 우리가 그만큼 좋은 사람이라서입니까? 아닙니다. 은혜 때문입니다. 내 힘으로 한 건가요? 아닙니다. 하나님이 하신 겁니다. 하나님이 하셔서 내가 하나님의 자녀가 된 것입니다.

그게 5절이 말하는 내용입니다. "하나님이 너희에게 성령을 주시고 기적을 행하신 것이 너희가 이뤄낸 율법의 행위 때문이냐? 아니면 듣고 믿은 것 때문이냐?" 당연히 듣고 믿은 것 때문입니다. 그걸 누구보다 깊이 체험한 사람이 갈라디아 신자들이라는 겁니다.

사도행전 14장에 보면 바울이 갈라디아 지역을 방문하는 장면이 나옵니다. 바울이 복음을 전하자 엄청난 기적이 일어납니다. 갈라디아 지역에 루스드라 성이 있습니다. 그곳에 나면서부터 한번도 걸어본 적 없는 사람이 있었습니다. 그가 바울이 전한 복음을 "듣고"(행 14:9) 받아들였습니다. 바울이 주목하여 그 안에 믿음이 있는 것을 보고 큰 소리로 말합니다. "네 발로 바로 일어서라"(행 14:10). 이 말이 떨어지기 무섭게 그가 일어나 걷습니다.

주변에 있던 사람들이 난리가 났습니다. 기적이 일어났으니까요. 기적을 목격한 사람들은 바울과 바나바를 가리켜 "신들이 사람의 형상을 입고 우리 가운데 내려오셨다"고 소리를 질렀습니다. 바울과 바나바를 따로 모셔놓고 제사를 드리려고 합니다. 제우스 신당의 제사장까지 소와 화환들을 가지고 와서 그 소동에 참여합니다.

그러자 바울과 바나바가 무리 가운데 뛰어들어 그들을 말립니다. "우리도 여러분과 같은 성정을 가진 사람이라. 여러분에게 복음을 전하는 것은 이런 헛된 일을 버리고 천지와 바다와 그 가운데 만물을 지으시고 살아 계신 하나님께로 돌아오게 함이라"(행 18:15).

정리해 보겠습니다. 갈라디아 신자들이 성령을 어떻게 받았나요? 율법의 행위가 아니라 '듣고 믿음으로'입니다. 어떻게 나면서부터 걷지 못한 자가 걷게 되었나요? 그것 역시 '듣고 믿음으로'입니다.

결국 하나님이 이루신 일입니다. 우리의 구원은 하나부터 열까지 하나님이 주도하셨습니다. 인간의 행위는 단 1퍼센트도 개입하지 않았습니다. 사도행전 13장에서는 이방인들이 구원 받는 장면을 이렇게 설명합니다. "이방인들이 '듣고' 기뻐하여 하나님의 말씀을 찬송하며 영생을 주시기로 작정된 자는 다 믿더라"(행 13:48).

누가 구원을 받나요? "듣고 믿는 자"입니다. 결국 하나님이 구원하고자 하시는 자가 구원을 받습니다. 구원의 문제에서 하나님의 역할은 100퍼센트입니다. 하나님이 다 하십니다.

그래서 좋은 게 뭘까요? 그만큼 구원이 안전하다는 것입니다. 하나님이 행하시는 구원은 완전하므로 우리의 구원은 흔들리지 않습니다. 100퍼센트 안전합니다.

그러니 누가 나의 구원에 대해 흔들려고 해도 넘어가지 마십시오. 이단 종파에 빠졌던 청년이 제게 와서 던진 첫 질문이, "목사님, 정말 예수님만 믿으면 구원을 받나요?"였습니다. "그럼 당연하지. 예수님만 믿으면 틀림없이 구원을 받지." 이것이 저의 대답이었습니다.

종교개혁가들이 구호로 삼은 게 있습니다. "오직 믿음"입니다. 왜 오직 믿음을 강조했을까요? 당시 교회가 교황의 권위와 교회의 전통을 절대화했기 때문입니다. 구원은 오직 예수님을 믿음으로만 가능합니다. 주님의 십자가 복음을 들을 때, 열린 나의 마음으로 성령이 들어오셔서, 나를 하나님의 자녀로 삼아주십니다. 그래서 구원은 하나님이 행하시는 일입니다. 하나부터 열까지, 처음부터 끝까지 하나님이 하십니다.

만약 누군가 "이렇게 해야 구원을 받는다", "넌 그렇게 살아선 구원받지 못한다"라고 하거든, 그 사람은 틀림없이 구원이 뭔지 모르는 사람입니다. 구원은 우리가 어떻게 해야만 받는 것이 아닙니다. 하나님의 선물입니다.

그게 사도행전 2장의 내용입니다. 오순절에 성령이 임하고, 사도들이 나가서 사람들에게 복음을 전했습니다. 그들은 단한번도 예수님을 위해 살지 않은 사람들입니다. 베드로가 그들에게 "너희가 그분을 죽였다"(행 2:23)고 선언합니다. 그러면 마땅히 지옥에 가야 하지 않나요? 하지만 주님이 우리에게 생명의 길을 알려 주셨다고 합니다. 우리에게 아버지께서 약속하신 성령을 부어 주셨다고 합니다. 하나님이 너희가 죽인 예수를 주님과 그리스도가 되게 하셨다고 합니다.

그 말을 들은 사람들의 반응이 무엇입니까? "우리가 어찌할꼬?"였습니다. 이에 베드로가 대답합니다. "너희가 회개하여 각각 예수 그리스도의 이름으로 세례를 받고 죄 사함을 받으라. 그리하면 성령의 선물을 받으리니"(행 2:38).

회개하고 세례를 받고 죄사함을 받으라는 것입니다. 그러면 성령을 선물로 받는다는 것입니다. 그러니까 우리가 성령을 받는 것은, 우리의 행위가 아니라 하나님의 선물입니다.

이처럼 믿음은 '믿어지는 것'입니다. 하나님이 믿어지게 하시자, "이 날에 신도의 수가 삼천이나"(행 2:41) 더해졌습니다.

이것을 어떻게 사람의 행위로 설명할 수 있겠습니까? 절대로 그런 식으로 설명할 수 없습니다. "믿음은 믿어지는 것"입니다. "믿음은 하나님이 하시는 것"입니다.

믿음의 신비

체육부장관을 지낸 이영호라는 분이 있습니다. 그가 암에 걸렸다 회복했는데, 또다시 대장암에 걸렸습니다. 삶의 마지막을 의미 있게 보내고 싶어 몇 가지 결심을 했습니다.

먼저, 그동안 살아오면서 누렸던 특별한 경험들과 여러 깨달음을 책으로 담아 정리하기로 했습니다. 그다음은 바쁘다는 핑계로 곁에 있어 주지 못했던 아내와 세 자녀와 남은 시간 동안 함께하며 이야기를 나누겠다는 것이었습니다.

이렇게 남은 삶을 정리하며 투병생활을 하는 중에 그가 예수님을 믿게 되었습니다. 그래서 새로운 목표가 생겼는데, 성경을 통독하고 유익한 신앙서적을 읽겠다는 것이었습니다. 그가 이렇게 말합니다.

놀랍게도 1년 후 이 모든 것을 다 이루게 되었습니다. 지난 1년이 내가 살아온 60년 가운데 가장 값진 한 해였다고 할 수 있습니다. 내가 평생 동안 얻은 것 가운데 가장 귀한 것이 믿음이라 생각하니, 얼마나 감사한지 모릅니다.

세상적으로 볼 때 그는 성공한 사람입니다. 대학교 교수로 있으면서 장관까지 역임했습니다. 그가 자기 삶을 마무리하며, "살면서 자기가 얻은 가장 귀한 것이 예수님을 믿게 된 것"이라고 고백합니다.

믿음이란 그런 것입니다. 세상에서 큰 자가 되었다고 하나님께 큰 자가 되는 것은 아닙니다. 세상에서 유명하다고 하나님 나라에서도 유명한 것은 아닙니다. 나의 나 된 것은 오로지 하나님의 은혜입니다. "내가 한 게 아닙니다. 하나님이 하셨습니다"라고 고백할 수 있다면 그가 천국에서 큰 자요(마 18:4) 하나님께 대하여 유명한 자(고후 6:9)입니다.

"하나님이 하셨습니다."
"하나님이 하셨습니다."

이것이 복음의 외침입니다.

다음 글을 읽어봅시다.

** 하이델베르크 요리문답
29문: 왜 하나님의 아들을 예수, 곧 구주라 부릅니까?

답: 그가 우리를 우리 죄에서 구원하시기 때문이고, 또 그분 외에는 어디에서도 구원을 찾아서도 안 되며 발견할 수도 없기 때문입니다.

30문: 그렇다면 자신의 구원과 복을 소위 성인에게서, 혹은 자기 자신이나 다른 데서 찾는 사람들도 유일한 구주이신 예수를 믿는 것입니까?

답: 아닙니다. 그들은 유일한 구주이신 예수를 말로는 자랑하지만 행위로는 부인합니다. 예수가 완전한 구주가 아니든지, 아니면 참된 믿음으로 이 구주를 영접한 자들이 그들의 구원에 필요한 모든 것을 그에게서 찾든지, 둘 중의 하나만 사실입니다.

소그룹을 위한 요약

바울이 갈라디아 사람들에게 어리석다고 합니다. 왜 어리석다고 할까요? 아직도 생생한 예수 그리스도의 십자가 죽음을 놓치고 있기 때문입니다.

더 나아가 바울은 "우리가 어떻게 성령을 받았느냐"고 묻습니다. "할례를 행하고 율법을 지켰기 때문이냐, 듣고 믿었기 때문이냐?"

부활하신 예수님이 제자들을 찾아와 "성령을 받으라"(요 20:22)고 하십니다. 예수님의 승천 후 120명의 제자들이 마가 요한의 다락방에서 기도할 때 성령을 받습니다(행 2:1-4). 그들은 성령을 어떻게 받았습니까? 율법의 행위 덕분입니까, 듣고 믿었기 때문입니까? 듣고 믿었기 때문입니다.

바울이 갈라디아 사람들에게 어리석다고 책망하는 것은, 그들이 성령으로 시작했다가("듣고 믿음으로") 육체로("육체의 행위로") 마치려 하기 때문입니다.

구원에 있어 믿음은 능동이 아니라 수동입니다. 내가 믿는 게 아니라 하나님이 믿게 하십니다(고전 12:3). 구약의 선지자들은 하나님의 말씀을 전하기 위해 부름을 받았습니다. 그들의 역할은 말씀을 전하는 것이지 사람을 바꾸는 것이 아닙니다. 사람에게 믿음을 갖게 하거나 사람을 변화시키는 것은 전적으로 하나님의 소관입니다. 성령께서 하시는 일입니다.

그래서 하나님이 하셨다는 것입니다. 우리가 성령을 받은 것도, 우리 삶에 기적이 일어난 것도 전부 하나님이 하신 일입니다. 그러면 우리가 해야 할 일은 무엇일까요? 그것을 인정하고 하나님께 감사하는 일입니다.

소그룹을 위한 질문

1. 바울이 갈라디아 신자들에게 무엇을 잃어버렸다고 합니까? 그들이 십자가를 잃어버린 증거가 무엇입니까? 십자가를 잃어버린 사람들에게 공통적으로 나타나는 현상은 무엇입니까?

2. 사람들은 보통 구원은 믿음으로 받고 축복은 행함으로 받는다고 생각합니다. 성령은 믿음으로 받고, 성령충만은 행함으로 되는 줄로 생각합니다. 이에 대해 3장 2절과 5절은 뭐라고 말합니까?

3. 믿음을 너무 강조하다보면 행위가 위축되지 않을까 염려하는 사람들이 있습니다. 하지만 염려하지 않아도 되는 이유가 무엇일까요? 야고보서 2장 22절을 읽고 그 이유를 말해 봅시다.

6. 복음의 능력

갈라디아서 3:10-11

성경은 구원의 책입니다. 성경 전체가 구원이란 무엇이며, 어떻게 구원을 받을 수 있는지에 대해 말합니다. 그것도 여러 비유와 사례를 들어 설명합니다. 구원이란 법정에서 무죄 판결을 받는 것과 같습니다(칭의). 구원이란 몸값을 지불하고 노예를 사서 자유인으로 풀어주는 것과 같습니다(속량). 구원이란 화해를 통해 하나님과의 깨어진 관계를 다시 회복시켜주는 것입니다(화목). 구원이란 하나님 앞에서 죄를 참회하고 예배 가운데로 나아가는 것입니다(희생제사). 구원이란 하나님께서 사탄 마귀를 이기시고 영적 전쟁에서 승리하신 것을 말합니다(악에 대한 승리). 이 외에도 성경은 구원에 대해 매우 다양한

방식으로 설명합니다.[40]

그러면 구원을 받는 방법은 무엇입니까? 바울은 율법으로 는 불가능하고 오직 믿음으로만 가능하다고 말합니다(3:10- 11). 왜 율법으로는 안 될까요? 너무나 많은 사람들이 율법을 지켜야 한다고 주장하지 않았나요?

율법의 한계1: 100% 지킬 사람이 없다

무릇 율법 행위에 속한 자들은 저주 아래에 있나니 기록된 바 누구든지 율법 책에 기록된 대로 모든 일을 항상 행하지 아니 하는 자는 저주 아래에 있는 자라 하였음이라(갈 3:10).

바울의 이 가르침에는 어떤 예외도 인정하지 않는 배타적 인 세 단어가 나옵니다. '누구든지', '모든 일', '항상'입니다. '누 구든지', 대상에 예외가 없습니다. '모든 일을', 율법의 모든 조 항을 철저히 지켜야 합니다. '항상', 잠시라도 멈추거나 소홀히 하지 말아야 합니다. 만일 이 세 가지 중 어느 한 가지라도 해 당한다면 저주를 받는다는 뜻입니다.

구약에는 613가지 조항이 있다고 합니다. 어떤 사람이 평 생을 노력하여 그 중 612가지를 철저히 지켰다고 합시다. 그 사람은 어떻게 될까요? 비록 다른 율법을 철저히 지켰더라도 단 하나를 지키지 못했다면 그는 율법의 원칙에 따라 저주를 받습니다. 여기에는 예외가 없습니다. 율법의 조항 단 하나를 어기더라도 전부를 어긴 것이 되기 때문입니다(약 2:10). 이것이 율법의 행위로는 의로워질 수 없고 구원을 받을 수 없는 이유입니다.

예수님은 율법을 지키셨을까요? 이 질문에 답하기 전에 (1장에서 다룬 적이 있는데) 아담이 예수님의 모형이었음을 기억합시다. 우리의 구원을 위해 예수님은 아담에게 요구되었던 긍정적, 부정적 요구를 모두 충족하셔야 했습니다. 긍정적 요구란 '하나님이 요구하시는 의를 이루는 것'입니다. 아담이 실패한 이른바 '행위언약'을 성취하는 것입니다. 부정적 요구는 '죄의 결과에 책임을 지는 것'입니다. 예수님이 죄인을 대신해 죽는 것입니다. 예수님은 이 중 한 가지만 행하셨을까요?

만약 예수님이 우리의 죄를 대신해 죽는 것으로 끝나셨다면, 하나님의 의는 우리의 순종을 통해 충족해야 합니다. 아담이 실패한 그것을 우리 힘으로 잘 해낼 수 있을까요? 그렇다면 그것은 복음이 아닙니다. 우리를 다시 아담의 자리로 되돌려놓기 때문입니다.

하지만 예수님은 율법의 요구대로 죽으셨을 뿐 아니라, 율법의 요구를 따라 순종하심으로 하나님의 의를 세우셨습니다. 이렇게 주님이 율법의 요구대로 죽으신 것을 가리켜 그리스도의 '수동적 순종'이라고 하고, 주님이 율법에 순종하신 것을 가리켜 그리스도의 '능동적 순종'이라고 합니다.

구원은 거저 온 것이 아닙니다. 주님이 전 생애를 통해 이루신 완전한 순종을 통해 우리에게 구원이 왔음을 간과해서는 안 됩니다. 우리는 율법을 100 퍼센트 지킬 수 없습니다. 주님이 대신 지킴으로 우리의 구원을 이루셨습니다. 그것이 복음입니다.

율법의 한계2: 하나님 앞에서 지켜야 한다

또 하나님 앞에서 아무도 율법으로 말미암아 의롭게 되지 못할 것이 분명하니(갈 3:11).

여기서 '또'는 접속사입니다. '더구나'로 번역하는 것이 문맥상 더 잘 어울립니다. 우리가 율법으로 말미암아 의롭게 되지 못하는 더 큰 이유는 그것을 '하나님 앞에서' 지켜야 하기 때문이란 뜻입니다. 한 마디로 절망입니다. 우리가 율법을 100퍼센트 지키는 것도 불가능하지만, 하나님 앞에서 의롭게 되는 것도 불가능합니다. 이러나 저러나 우리는 의롭게 될 수 없습니다.

그래서 만일 하나님이 우리를 의롭다 하시려면 우리의 것이 아닌 다른 어떤 것에 근거해야 합니다. 우리를 대신해 하나님 앞에서 율법을 지킬 수 있는 다른 누군가에게 그 일을 맡겨야 합니다. 이것이 우리가 예수님을 믿는 이유입니다. 예수님은 자신의 완전한 삶과 우리를 대신해 치른 십자가 죽음의 형벌을 통해 하나님 앞에서 우리의 대리자로 나서셨습니다. 달리 말하면, 우리는 하나님이 예수님의 순종으로 우리의 불순종을 대신하고 우리를 의롭다 선언해 주시기를 신뢰하는 것입니다(롬 3:22).

그것을 이렇게 생각할 수 있습니다. 예수님이 우리를 구원해 주실 것을 믿을 때 우리는 예수님과 하나가 되고 놀라운 '교환'이 이루어집니다. 우리의 모든 죄, 불순종, 반역, 불의가 예수님께 전가되고, 예수님은 그것 때문에 죽으십니다(벧전 3:18). 그리고 동시에 예수님의 완전한 의가 우리에게 전가되고 우리는 의로운 자로 선언을 받습니다. 하나님이 우리를 보실 때 그분은 우리의 죄가 아니라 예수님의 의를 보시는 것입니다.

이것이 바울이 로마서 4장에서 말하는 내용이기도 합니

다. "일을 아니할지라도 경건하지 아니한 자를 의롭다 하시는 이를 믿는 자에게는 그의 믿음을 의로 여기시나니… 불법이 사함을 받고 죄가 가리어짐을 받는 사람들은 복이 있고"(롬 4:5, 7). 하나님이 예수 그리스도가 행하신 완전한 의와 십자가 대속 때문에 우리의 행위와 상관없이 우리를 의롭게 여기시고 우리의 죄가 가려진다는 뜻입니다. 하나님은 우리가 의로워서 의롭다고 하시는 게 아닙니다. 우리가 믿음으로 말미암아 그리스도의 의로 옷을 입었기 때문에 의롭다고 선언하시는 것입니다. 하나님은 우리가 행한 그 어떤 것이 아니라 전적으로 예수님이 우리를 위해 행하신 것으로 인해 우리를 의롭다고 선언하십니다.[41]

하나님 앞에서 우리의 의는 우리에게서 나오는 것이 아닙니다. 전적으로 예수님에게서 나와 우리에게 주어지는 것입니다. 하나님은 당신의 아들을 보셨고 우리의 죄를 보셨으며 이제 우리에게서 예수님의 의를 보십니다. 이것이 우리가 율법으로 말미암아 하나님 앞에서 불의하지만 하나님이 그런 우리를 의롭게 보아주시는 이유입니다.

복음의 능력

갈라디아서 3장 11절에서 바울은 이렇게 선언합니다. "이는 의인은 믿음으로 살리라 하였음이라."

하박국 2장 4절, "의인은 그의 믿음으로 말미암아 살리라"를 인용한 것입니다. 하박국은 지금 슬픕니다. 의인은 고통을 당하는데 악인은 번성하기 때문입니다. 그가 하나님께 묻습니다. "왜 의인은 고통을 당하고 악인은 번성합니까? 아무리 유다 백성이 잘못했어도 어떻게 바벨론을 들어 유다를 치실 수 있습니까?" 그러자 하나님은 "바벨론을 사용한 후엔 그들도 심판할 것"이라고 말씀하십니다. 하나님은 바벨론의 죄악을 열거하십니다. "보라 그의 마음은 교만하며 그 속에서 정직하지 못하나… 그는 술을 즐기며 거짓되고 교만하여 가만히 있지 아니하고 스올처럼 자기의 욕심을 넓히며 또 그는 사망 같아서 족한 줄을 모르고"(합 2:4, 5). 그래서 하나님이 그들을 심판하겠다고 하십니다.

하박국은 바벨론을 들어 유다 백성을 치시는 하나님의 뜻을 비로소 깨닫습니다. 지금 겪는 고난의 끝은 유다의 멸망이 아니라 바벨론의 멸망이 될 것입니다. 바벨론의 손에 고통을 겪는 유다는 잠시 괴롭겠지만 하나님의 손에 고통을 당할 바벨론은 멸망에 이르고 말 것입니다. 하나님은 유다와 바벨론의 운명을 선언하신 끝에 결정적인 한마디를 던지십니다. "의인은 그의 믿음으로 말미암아 살리라"(합 2:4). 여기서 '그'는 누구일까요? '하박국' 또는 '우리'일까요? 아닙니다. '하나님'입니다. 그러면 "의인은 하나님의 믿음으로 말미암아 살리라"가 됩니다.

"하나님의 믿음"이란 무엇일까요? 믿음은 '피스티스'라는 단어이고 '신실함'을 뜻합니다. 이를 기초로 갈라디아서 3장 11절을 다시 읽으면, "의인은 하나님의 신실함으로 말미암아 살리라"가 됩니다. 하나님의 신실함이 우리를 이끌고 간다는 것입니다. 마치 맨앞의 증기 기관차가 뒤의 객차를 끌고 가듯, 하나님의 신실함이 우리를 끌고 갑니다. 그래서 믿음은 '내가 사는 게' 아닙니다. 하나님이 우리를 '살아지게' 하시는 것입니다. 이것을 믿음의 수동성이라고 부릅니다.

믿음의 능동성은 믿음의 수동성이 전제되어 있습니다. 믿음에 능동적이고 적극적인 속성이 있음에도 불구하고 그 능동성은 우리의 구원에 아무런 기여와 공로가 없습니다. 예를 들어 길에서 구걸하는 거지가 있습니다. 지나가던 사람이 불쌍히 여겨 그에게 동전 몇 개를 주려 하자 그가 손을 내밀어 돈을 받습니다. 이 때 거지가 손을 내밀어 동전을 받았다고 그가 이 돈을 번 것은 아닙니다. 손을 내민 것에 공로가 있다고 말하지 않습니다. 그러나 이 거지가 손을 내밀어 받지 않았다면 동전을 받을 수 없습니다. 이 점에서 거지는 능동적으로 동전을 받은 것입니다. 이것이 믿음입니다.

믿음은 아무런 값(value)이 없습니다. 우리에게 믿음이 있고, 우리가 믿음으로 구원을 받는다고 할 때 그 믿음의 가치 때문에 받는 것이 아닙니다. 우리가 믿었기 때문에 구원을 받는 것이 아니라 믿음이 붙잡은 그 대상인 그리스도 덕분에 구원을 받는다는 것이 정확한 표현입니다. 믿음이 구원하는 것이 아니라, 믿음으로 말미암아 구원 받습니다. 그래서 신약성경에는 구원받는 일에 대하여 '믿음으로 말미암아', '믿음 안에서'라는 표현은 있어도 '믿음 때문에', '믿음 덕분에'라는 표현은 없습니다.[42]

지금 바울이 갈라디아서 3장 10-11절에서 하려는 말이 이것입니다. "율법을 완벽히 지키지도 못하고 하나님 앞에서 의롭게 되지도 못하는데, 어떻게 율법을 행함으로 의롭게 되려하느냐"는 책망입니다. 결코 있을 수 없는 불가능한 일이라는 것입니다.

정리하겠습니다. 바울의 논리는 단순합니다. 왜 우리가 율법의 행위로 의로워질 수 없을까요? 첫째, 율법을 100퍼센트

완벽하게 지킬 사람은 없기 때문입니다. 둘째, 율법을 하나님 앞에서 지켜야 하기 때문입니다. 결국 우리가 의로워지는 건 율법이 아니라 믿음으로 말미암습니다. 이것이 복음의 능력입니다.

"내가 하는 것이 아닙니다. 하나님이 하십니다."
"나는 할 수 없습니다. 하지만 하나님은 다 하십니다."
"하나님이 하신 것이 곧 내가 한 것이 됩니다."

마르틴 루터는 자신이 경험한 복음의 능력에 대해 이렇게 증언합니다.

그리스도의 복음은 우리가 의롭게 되고 구원을 받기 위한 조건으로 우리 자신의 공적을 요구하지 않는다. 오히려 복음은 이러한 공적을 저주한다. 오히려 복음은 그리스도를 믿는 신앙을 요구한다. 그리스도의 죽음과 승리를 우리의 죽음과 승리로 삼아주시기 위하여 우리의 공로가 아니라, 그리스도 자신의 공로와 죽음과 고난을 통하여 죄와 사망과 음부의 권세를 물리치시고 우리에게 의로움과 생명과 구원을 주신 분이 곧 그리스도이시다.[43]

율법과 복음 사이에서

율법은 나쁜 것입니까? 아닙니다. 하지만 율법주의는 조심해야 합니다. 율법은 하나님의 말씀입니다. 좋은 것입니다. 바울은 이렇게 말합니다. "이로 보건대 율법은 거룩하고 계명도 거룩하고 의로우며 선하도다"(롬 7:12). 따라서 율법은 배제되어선 안 됩니다.

율법은 언제 필요할까요? 칼뱅은 율법의 세 가지 기능에 대해 말합니다. 제1용법은 기독교강요 2:7:6에서, 2용법은 2:7:10에서, 3용법은 2:7:12에서 설명합니다. 율법의 제1용법은 율법이 죄가 죄로 인식되게 하는 죄의 확신(conviction of sin)의 기능이고, 제2용법은 율법이 있음으로써 죄를 짓지 않으려고 하는 죄의 억제(restraint of sin)의 기능입니다. 율법의 제1, 2용법은 신자나 불신자의 구분 없이 적용됩니다.

이해를 돕기 위해 예를 들어보겠습니다. 어떤 사람이 곧게 뻗은 한적한 도로에서 운전을 하고 있습니다. 지나가는 차도 없고 교통표지판도 보이지 않아 시속 150킬로미터 이상으로 달리고 있습니다. 그때 제한속도 80킬로미터라는 표지판 하나가 시선에 들어옵니다. 그 순간 자신이 속도위반을 하고 있다는 것을 깨닫고 속도를 줄입니다. 그리고 더 이상 속도를 높일 수 없게 되었습니다. 여기서 자신이 속도위반을 하고 있다는 사실을 인지한 것이 율법의 제1용법에 해당하고, 법이 있는 것을 안 이상 계속해서 죄를 범하지 않게 된 것이 제2용법에 해당합니다.

제3용법은 신자에게만 적용됩니다. 이것은 구원을 받은 것에 대한 감사의 반응으로 하나님의 뜻을 배우고 하나님께 순종하는 차원에서 기꺼이 율법을 지키는 것을 말합니다. 성경은 율법을 지킴으로 구원을 이룰 자가 없다고 합니다(롬 3:20, 갈 3:11). 그럼에도 불구하고 율법은 신령한 것입니다(롬 7:14). 율법을 지킨다고 하여 우리의 의를 이루지는 못하지만, 율법을 어기는 것이 죄가 되는 것은 분명합니다(예, 살인, 간음, 도둑질 등). 율법이 구원받은 자의 성화의 삶에 긍정적으로 사용될 수 있다는 뜻입니다. 구원을 받은 자가 자기 안에서 우러나오는 감사의 마음으로 율법(도덕법)을 지킨다면 그것은 율법에 대한 맹목적인 복종이 아니라 율법을 주신 하나님께 인격적으로 그리고 도덕적으로 순종하는 것이 됩니다. 예수님이 비판하신 것은 율법을 위해 율법을 지키는 율법주의였지, 율법이 가리키고 있는 하나님의 도덕과 사랑에 대한 강조가 아니었습니다. 뿐만 아니라 예수님 자신도 율법에 순종하심으로 율법을 충족하는 삶과 성령으로 사는 삶이 어떻게 같은 것인지 직접 보여주셨습니다(마 5:19, 요 15:10, 롬 13:8-10, 요일 5:3). 사랑의 반응으로 율법을 지키는 것이야말로 곧 성령에 의한 삶이고 성화의 삶입니다.[44]

그렇다면 율법은 결코 나쁜 것이 아닙니다. 지금도 율법은 강단에서 설교돼야 하고 우리는 지키려고 애를 써야 합니다. 문제는 우리가 율법으로 복음을 대신하려 할 때입니다. 율법이 가진 본래의 기능과 목적을 넘어 그것으로 복음을 가리거나 대체하려 할 때, 율법은 거짓 복음이 됩니다.

그래서 바울은 갈라디아 교회의 거짓 교사들을 향해 "저주를 받을지어다"라고 선언합니다. 율법의 기능은 죄를 깨닫게 하고 하나님이 기뻐하시는 대로 살게 하는 것인데, 그들은 율법이 마치 구원의 수단인 양 잘못 가르쳤기 때문입니다.

율법은 나쁜 것이 아닙니다. 지금도 율법은 지켜져야 합니다. 어떤 사람들은 "율법은 이미 폐기되었다"고 합니다. "우리는 이미 구원을 받았기 때문에 십계명을 지키지 않아도 된다"고 합니다. "우리는 율법이 아니라 은혜로, 사랑으로 살아야 한다"고 합니다. 주님은 "내가 율법이나 선지자를 폐하러 온 줄로 생각하지 말라 폐하러 온 것이 아니요 완전하게 하려 함이라"(마 5:17)고 분명히 말씀하셨습니다.

율법에는 제사법, 민법, 도덕법이 있습니다. 제사법은 주님의 십자가 번제단 위에서 끝났습니다. 더 이상 짐승제사를 통해 죄 사함을 받지 않습니다. 하지만 아직 민법과 도덕법은 유효합니다. 십계명을 지켜야 하고 말씀대로 살아야 합니다.

그럼에도 "더 이상 율법은 지킬 필요가 없다"고 하는 자들을 우리는 "율법폐기론자들"이라고 부릅니다. 청교도나 개혁주의자는 이런 자들을 몹시 경계했습니다. 심지어 이단이라고까지 했습니다.

이들의 설교를 들으면 항상 이런 식으로 끝이 납니다. "율법대로 살지 말고 기쁘게 생활합시다." 무슨 말입니까? "말씀대로 살지 말고 기쁘게 살자"는 말입니까? 그게 가능한가요? 말씀은 신약이고, 율법은 구약입니까? 성경은 한 권이고, 구약과 신약의 모든 말씀이 하나님의 말씀입니다. 율법은 나쁜 것이 아닙니다. 문제는 율법을 설교하지 않고, 율법주의적인 설교를 하는 것입니다.

복음의 탈을 쓴 율법주의적 설교

"여러분, 이렇게 살아야 은혜를 받을 수 있습니다." 자주 듣는 말입니다. 일견 맞는 것처럼 보입니다. 하지만 곱씹어 보십시오. 그렇게 살면 은혜를 받나요? 그렇게 살지 않으면 은혜를 받지 못 하나요? 하나님의 은혜가 나의 행위에서 비롯되는 것입니까? 그렇지 않습니다. 이것이 전형적으로, 조미료(MSG)가 들어간 복음입니다. 복음에 불순물이 섞였습니다. 단호하게 말하면, 복음이 아닙니다. 변질된 복음입니다. 독이 든 복음입니다.

율법주의적 설교는 명령법으로 시작해서 직설법으로 끝납니다. "하나님을 잘 섬기십시오. 그러면 복을 받게 될 것입니다." 우리는 이 말이 너무 익숙해 무엇이 잘못인지 모릅니다. 찬송가 449장 "예수 따라 가며"의 5절 가사를 보십시오. "주를 힘 입어서 말씀 잘 배우고 주를 모시고 살아가세. 주를 의지하며 항상 순종하면, 주가 사랑해 주시리라." 뭔가 좀 이상하단 생각이 들지 않나요? 하나님이 우리를 사랑하는 조건이 "주를 의지하고 항상 순종하는 것"입니까?[45]

우리는 하나님의 사랑을 더 많이 받기 위해 믿고 순종하는 게 아닙니다. 하나님은 이미 우리에게 갚을 수 없는 무한한 사랑과 은혜를 복음 안에서 베풀어 주셨기 때문에, 우리가 하나님을 더욱 신뢰하고 순종할 힘을 얻을 뿐입니다. 그래서 더욱 주님을 의지하고 순종하는 삶을 사는 것입니다. 이처럼 복음적인 설교는 복음의 직설법으로 시작해서 율법의 명령법으로 끝납니다. 설교를 들을 때, 우리는 설교자가 이 원리를 따라 말씀을 전하고 있는지 신중히 분별해야 합니다.

율법은 좋은 것입니다. 율법은 강단에서 설교되어야 합니다. 하지만 율법주의로 치닫는 것은 위험합니다. 우리는 믿음으로 의롭게 되고 구원을 받는 것이지 율법의 행위로 의롭게 되는 것이 아닙니다(딤후 1:9). 우리는 무엇을 해야 그 대가로 용서를 받고 구원을 받고 은혜를 받는 사람이 아닙니다. 우리는 이미 용서를 받았고 구원을 받았고 은혜를 받은 사람이기 때문에, 율법을 따라 그리고 말씀을 따라 살아갑니다.

하나님이 우리에게 바라시는 믿음의 참 모습에 대해 마르틴 루터는 이렇게 말합니다.

하나님이 바라시는 믿음은 하나님이나 그분의 약속을 의심하지 않는 믿음이다. 그것은 그리스도로 말미암아 죄 사함을 얻고, 그 결과 우리가 그리스도 안에서 안전하고 확실하게 남아 있으며, 항상 우리의 눈앞에 중보자의 고난과 피 그리고 중보자의 모든 유익을 두게 되리라는 것을 확실히 믿는 참된 믿음이다. 그리스도를 믿음으로 붙잡는 것이 우리가 이 유익들을 우리의 눈앞에 둘 수 있는 유일한 길이다.[46]

다음 글을 읽어봅시다.

** 하이델베르크 요리문답

제1문: 사나 죽으나 당신의 단 하나의 위로는 무엇입니까?

답: 나는 나의 것이 아니고, 사나 죽으나 몸과 영혼이 모두 나
의 신실하신 구주 예수 그리스도의 것입니다. 주께서 보배
로운 피를 흘려 나의 모든 죄값을 치러주셨고 마귀의 권세
로부터 나를 자유롭게 하셨습니다. 또한 하늘에 계신 나의
아버지의 뜻이 아니고는 나의 머리카락 하나라도 나의 머
리에서 떨어지지 않는 것과 같이 주님께서는 나를 항상 지
켜주십니다. 실로 모든 것이 협력하여 나의 구원을 이룹니
다. 내가 주님의 것이기에 주께서 성령으로 말미암아 내게
영원한 생명을 보증하시고, 지금부터 나의 온 마음을 다하
여 기꺼이 주를 위하여 살도록 인도하십니다.

제2문: 이러한 위로의 기쁨 안에서 살다가 죽기 위하여 당신은
무엇을 알아야 합니까?

답: 세 가지를 알아야 합니다. 첫째, 나의 죄와 비참함이 얼마
나 심각한 것인가, 둘째, 어떻게 내가 그 죄와 비참함으로부
터 벗어났는가, 셋째, 나는 구원해 주신 하나님께 어떻게 감
사를 드릴 것인가 하는 것입니다.

소그룹을 위한 요약

구원은 믿음으로 받습니다. 우리가 구원을 받는 데 우리의 행위나 공로는 단 1퍼센트도 작용할 수 없습니다. 구원은 하나님의 선물이고 전적인 주님의 은혜입니다. 그래서 다행입니다. 구원이 우리의 공로에서 나오는 게 아니라서 다행입니다.

만약 우리의 공로가 단 1퍼센트라도 들어가야 한다면 우리는 늘 불안함 속에 살아야 했을 것입니다. 하지만 주님이 우리의 구원을 이루셨고, 우리는 그 은혜를 누리게 되었습니다. 바울이 하는 얘기가 이것입니다. 구원은 우리가 율법을 지킴으로 이루어지는 게 아니라 오직 믿음으로 된다고 합니다.

그 믿음조차 우리의 행위가 아니라, 하나님의 신실함이라고 합니다(3:11). 우리의 열심 있는 믿음이 우리를 의롭게 하지 않고, 하나님의 신실함이 우리를 의롭게 하는 것입니다.

나는 생각하면 생각할수록 죄인입니다. 선한 것을 찾을래야 찾을 수 없는 죄인입니다. 만약 하나님이 단 하루라도 죄를 짓지 않아야 구원을 받을 수 있다고 하셨다면, 나는 평생 그 하루를 위해 살다가 일생을 마쳤을 것입니다. 그리고 그 결과는 구원에서의 탈락으로 끝나고 말았을 것입니다.

하지만 하나님은 구원을 그렇게 이루지 않으십니다. 나의 의가 아니라 당신의 의로 구원을 이루십니다. 이것이 복음입니다. 복음의 능력입니다. 우리를 죄 가운데서 구원하셨다는 그 사실을 들려주는 것이 복음입니다. 우리를 구원하는 것도, 우리를 말씀대로 살게 하는 것도, 결국 하나님의 은혜입니다. 주님의 은혜가 우리를 구원하고 우리를 살게 합니다.

소그룹을 위한 질문

1. 10절은 율법의 행위로 의롭다 하심을 받으려는 자들은 저주 아래 있다고 합니다. 왜 그들이 저주 아래 있을까요? 우리도 하나님께 인정을 받기 위해 헌신과 봉사의 시간을 채우고 있지는 않은가요?

2. 예수님은 율법을 지키셨을까요? 그것이 왜 중요할까요? 만약 예수님이 율법에 순종하지 않고 우리 죄만 위해 죽으셨다면 우리에게 남겨진 과제는 무엇입니까?

3. 하나님은 우리의 구원을 어떻게 이루셨습니까? 우리의 구원에 있어 더하거나 뺄 것이 있습니까? 우리의 구원이 안전한 이유는 무엇입니까?

닫는 글
보여주고 들려주어야 할 복음

하나님이 이스라엘을 애굽에서 건져내십니다. 곧바로 젖과 꿀이 흐르는 가나안 땅으로 데려가지 않고 시내산으로 데려가십니다. 이스라엘은 그곳에서 11개월 15일을 머물며(출 19:1; 민 10:11-12) 하나님과 특별한 관계를 맺습니다. 그들은 광야에 있는 동안 하나님을 점점 '닮아' 갑니다. 그래야 가나안 땅에 들어가서 '다른' 삶을 살 수 있기 때문입니다.

어떻게 하면 하나님을 닮아갈 수 있을까요? 하나님을 '닮는다'는 말은 그분의 성품을 닮는다는 뜻입니다. 성품은 주로 말과 행동으로 드러납니다. 하나님의 성품도 가나안까지 가는 동안 나타난 하나님의 행동(God's works)과 시내산에서 주신 말씀(God's words), 즉 십계명과 율법을 통해 표현되었습니다. 이스라엘 백성들은 그 어떤 나라도 경험하지 못한 놀라운 방식으로 하나님을 닮아갈 수 있었습니다.

하지만 중요한 것은 하나님과 특별한 관계를 맺은 그들이 가나안 땅에 들어가서 '다른' 삶을 사는 것입니다. 그들은 애굽과 가나안의 규례를 따르지 않고, 하나님의 규례와 법도를 지켜야 합니다(레 18:1-5). 하나님은 그것이 너희의 행복을 위한 일이라고 합니다(신 10:13).

이스라엘 백성들이 가나안 땅에 들어가 해야 할 일은 그곳에 사는 사람들에게 하나님을 보여주고 들려주는 일이기도 합니다. 하지만 그들은 그 일에 실패하고 말았습니다. 가나안에 들어가거든 "세상 풍속을 따르지 말라"(레 18:30)는 명령을 어기고 세상에 동화되고 말았습니다.

그래서 그 일을 예수님이 오셔서 대신해야 했습니다. 예수님은 인류의 구원과 회복을 위해 이 땅에 오셨습니다. 예수님이 공생애를 시작하면서 가장 처음 했던 말이 "회개하라 천국이 가까이 왔느니라"(마 4:17)입니다. 주님은 이 말씀으로 자신이 무엇 때문에 이 땅에 오셨는지 분명히 밝히셨습니다(눅 5:32; 19:10).

하지만 예수님은 곧바로 복음을 전하지 않습니다. 열두 명의 제자들을 불러 훈련을 시킵니다. 3년 반 동안 그들과 함께 지내며 특별한 관계를 맺습니다. 예수님이 말씀을 가르치고 (마 5:1), 기적을 일으킨(마 14:33) 모든 것은 엄밀히 말해 제자들 때문입니다. 인간의 몸을 입으신 예수님은 유대 밖을 나가지 않으셨지만, 그분의 가르침을 받은 제자들은 유대와 사마리아와 땅 끝까지 이르러 복음의 증인이 될 것입니다(행 1:8).

예수님이 복음을 가르치신 방식은 보여주고 들려주는 것입니다. 예수님은 기도하는 법, 전도하는 법, 설교하는 법을 가르치신 적이 없지만 제자들은 예수님의 삶을 통해 이 모든 것을 배웠습니다.

예수님이 승천하신 후 제자들이 마가 요한의 다락방에 모여 기도에 힘쓸 때 성령 충만을 받습니다(행 2:4). 성령의 놀라운 역사가 일어나자 종교지도자들이 제자들에게 주의 이름으로 말하는 것을 금지시킵니다. 그 말을 들은 베드로와 요한이 "우리는 보고 들은 것을 말하지 아니할 수 없다"(행 4:20)며 저항합니다.

이처럼 구약과 신약이 우리에게 복음을 들려주는 방식은 '닮음'과 '다름'의 방식입니다. 하나님과 예수님이 우리 가까이 계시면서 우리로 하여금 당신을 닮아가게 하십니다. 그렇게 하는 이유는 우리가 성령님과 동행하며 세상과 다른 삶을 살게 하려는 목적이 있기 때문입니다.

구약의 백성들은 복음을 전하는 일에 매우 인색했습니다. 하나님이 전도하라고 선지자 요나를 보내셨을 때 그는 끝까지 가지 않으려고 했습니다. "내가 왜 이방 사람에게 가야 하느냐"(욘 1:3, 10)며 하나님의 명령에 반발했습니다. 하지만 신약의 성도들은 첫 번째 교회인 안디옥 교회가 세워지자 곧바로 바울과 바나바를 선교사로 파송합니다.

바울이 복음을 전한 방식도 '닮음'과 '다름'의 방식입니다. 바울은 고린도 교회 성도들에게 자신이 그들을 그리스도 안에서 낳았다(고전 4:14)고 합니다. 자신은 그들의 스승이 아니라 아버지라고 합니다. 아들은 아버지를 닮아야 하기에 그는 고린도 교회 성도들에게 나를 본받아 '다른' 삶을 살라(고전 4:15)고 요청합니다.

바울이 그렇게 말한 것은 하나님의 나라가 말에 있지 않고 능력에 있기 때문입니다(고전 4:19). 복음은 단순히 정의를 바르게 알고 선포하는 것이 아닙니다. 아무리 복음에 대한 정의가 바르다 할지라도 예수 그리스도를 닮음과 세상과 다른 삶이 없다면 그것은 공허한 울림에 지나지 않습니다.

하나님도 예수님도 바울도 복음을 들려주고 보여줍니다. 삶으로 드러난 복음이 가장 힘센 복음입니다. 그 복음이 우리로 예수님을 닮게 하고, 세상과 다른 삶을 살게 합니다. 이 책을 통해 복음을 배웠다면 이제 '닮음'과 '다름'의 길로 나아가십시오. 내 삶에서 보여주고 들려주는 복음만이 세상에 남을 것입니다.

글을 마치며 진젠도르프가 어린 시절 복음을 만난 후 그의 일기장에 적어둔 한 마디를 되새깁니다.

"I have only one passion, and that is Christ."
"내게는 오직 한 가지 열정뿐입니다. 그것은 예수 그리스도입니다."

복음에 관한 추천도서

복음에 대해 조금 더 공부하고 싶다면 아래의 책들을 추천합니다. 대부분 이 책에 인용되었고, 앞으로 계속 공부해 나가야 할 책들입니다.

마르틴 루터 『갈라디아서』

루터의 역작입니다. 칭의의 은혜를 중심으로 갈라디아서를 풀어갑니다. 거짓 복음에 맞서 싸운 바울의 모습이 바른 복음을 사수하기 위해 고군분투하던 루터의 모습 속에 오롯이 투영됩니다.

마이클 호튼 『복음이란 무엇인가』

복음을 성경과 개혁신학을 토대로 정리해 놓은 책입니다. 전통적인 방식인 창조-타락-구속의 관점에서 복음을 설명합니다. 특히 돋보이는 것은 예정에 관한 교리를 4장과 5장, 두 장에 걸쳐 진지하게 다루고 있다는 점입니다.

그렉 길버트 『복음이란 무엇인가』

사람마다 복음의 정의를 달리합니다. 백 명에게 복음이 뭐냐고 물으면 육십 개 정도의 답이 나올 것입니다. 그렉 길버트는 복음을 설명하는 성경구절들 안에 공통적으로 들어있는 네 개의 단어를 발견해 냅니다. 이 네 개의 단어를 대입하면 복음의 정의를 쉽게 내릴 수 있습니다. 앞에서 소개한 마이클 호튼의 책이 복음이란 무엇인가에 관한 이론서라면, 그렉 길버트의 책은 실용서라고 할 수 있습니다. 두 권을 함께 읽으면 도움이 되실 것입니다.

이재욱 『복음을 전하는 책』

누군가에게 복음을 전해야 한다면 한 번쯤 읽어야 할 책입니다. 복음을 쉽고 간명하게 설명합니다. 읽다보면 전도 대상자가 떠오르고, 그에게 무엇을 전해야 할지가 마음에 새겨집니다. 교회에 처음 온 새신자나 청년부 교재로 사용하셔도 좋습니다.

존 스토트 『그리스도의 십자가』

20세기 대표적 복음주의자인 존 스토트의 역작입니다. 왜 우리가 그리스도의 십자가를 절대 가치로 여겨야 하는지 그 이유를 설명합니다. 두꺼운 책장을 다 넘기고 나면 그동안 번민했던 죄와 구원의 문제에 대한 명확한 해답을 갖게 될 것입니다.

미주

1. 목회와신학 편집부 엮음, 『갈라디아서 어떻게 설교할 것인가』(두란노 HOW 주석), 두란노 아카데미, 2009, 69.
2. 마르틴 루터, 『갈라디아서』, 김귀탁 옮김, 복 있는 사람, 2019, 10.
3. Philip Graham Ryken, *Galatians, Reformed Expository Commentary*, A Serise, Zondervan Publishing House, 2005, 3.
4. 존 빌레버거, 『루터 저작선』, 이형기 옮김, 크리스천 다이제스트, 2002, 166.
5. 팀 켈러, 『당신을 위한 갈라디아서』, 윤종석 옮김, 두란노, 2018, 8.
6. 존 스토트, 『갈라디아서 강해』, 정옥배 옮김, IVP, 2007, 78-79.
7. 화종부, 『갈라디아서』, 죠이선교회, 2019, 19.
8. F. F. Bruce, *The Epistle to the Galatians*(NIGTC), William B. Eerdmans Publishing Company, 1982, 72.
9. 그렉 길버트, 『복음이란 무엇인가』, 김수미 옮김, 부흥과 개혁사, 2010, 47-48.
10. 팀 켈러, 『갈라디아서; 복음을 만나다』, 김성웅 옮김, 베가북스, 2013, 27.
11. 팀 켈러, 『당신을 위한 갈라디아서』, 29.
12. 그렉 길버트, 51.
13. 팀 켈러, 마이클 호튼, 데인 오틀런드, 『복음으로 세우는 센터처치』, 오종향 옮김, 두란노, 2018, 52-60.
14. 김홍전, 『복음이란 무엇인가』, 성약, 1992, 17-18.
15. 팀 켈러, 293.
16. 마르틴 루터, 23.
17. 존 맥아더, 『구원이란 무엇인가』, 송용자 옮김, 부흥과 개혁사, 2008, 128.
18. 우병훈, 『예정과 언약으로 읽는 그리스도의 구원』, SFC, 2013, 66-67.
19. F. F. Bruce, 80.
20. 참조, 리차드 B. 헤이스, 『갈라디아서』, 안영혁, 이성하 옮김, 도서출판 그리심, 2021, 41-42.

21. 마르틴 루터, 70.

22. 이정규,『갈라디아서』, 그책의 사람들, 2014, 33-35.

23. 리차드 B. 헤이스, 42-43.

24. 존 파이퍼,『믿음으로 사는 즐거움』, 차성구 옮김, 좋은씨앗, 2009, 84.

25. 리처드 N. 롱네커,『갈라디아서』(WBC), 도서출판 솔로몬, 2009, 244. 참조, 변종길, 신약총론, 말씀사, 2019, 286.

26. 존 스토트, 48-49.

27. Ronald Y. K. Fung, *The Epistle to the Galatians*(NICNT), Willian B. Eerdmans Publishing Company, 91.

28. 존 스토트, 50-51.

29. 존 스토트, 56-57.

30. 마르틴 루터,『갈라디아서』, 113.

31. 브루스 B. 바톤, 린다 K. 테일러, 데이비스 R. 비어만, 닐 윌슨,『갈라디아서』(LAB 주석 시리즈), 김진선 옮김, 성서유니온선교회, 2011, 109-110.

32. Philip Graham Ryken, 48.

33. 팀 켈러, 68-69.

34. 헨드릭슨,『갈라디아서』, 김경신 옮김, 아가페출판사, 1988, 124.

35. 리처드 헤이스, 110-111.

36. 길성남,『에베소서 어떻게 읽을 것인가』, 성서유니온선교회, 2010, 159-161.

37. 우병훈,『기독교 윤리학』, 복 있는 사람, 2019.

39. [오늘의 설교] 무시당하는 강도의 신앙, 국민일보, 2021.3.23. 인터넷 기사 참조, http://news.kmib.co.kr/article/view.asp?arcid=0924183649&code=23111515&cp=nv.

39. 존 맥아더, 50.

40. 우병훈,『예정과 언약으로 읽는 그리스도의 구원』, 19-20.

41. 그렉 길버트, 114-115.

42. 강웅산, 172-173.

43.『루터선집 3권: 루터와 신약1』, 지원용 편, 컨콜디아서, 1984, 36.

44. 강웅산, 242-243.

45. 김형익,『율법과 복음』, 두란노, 2018, 212-224.

46. 마르틴 루터, 252-253.